초등 1학년
독서록 잘 쓰는 방법 20

초판 1쇄 인쇄 | 2013년 8월 05일
초판 1쇄 발행 | 2013년 8월 15일

지은이 | 조영경
그린이 | 김미선

펴낸이 | 남주현
펴낸곳 | 채운북스(자매사 채운어린이)
주소 | 서울시 마포구 창전동 5-11 3층(우 121-880)
전화 | 02-3141-4711
팩스 | 02-3143-4711
전자우편 | chaeun1999@nate.com
디자인 | design86 고가현
종이 | 세종페이퍼
인쇄 | (주)꽃피는청춘

Copyright ⓒ 채운북스
이 책은 저작권법에 따라 보호받는 저작물입니다.
저작권자와 도서출판 채운북스의 허락없이
내용의 전부 또는 일부의 인용이나 발췌를 금합니다.

ISBN 978-89-94608-39-6
※잘못된 책은 구입하신 서점에서 바꾸어 드립니다.

엄마의 잔소리 없이 스스로 쓰는

초등 1학년
독서록 잘 쓰는 방법 20

글 조영경 그림 김미선

엄마의 잔소리 없이 스스로 쓰는
독서록 잘 쓰는 방법 20

    독서록도 일기와 마찬가지로 정해진 형식이 있는 것은 아니란다. 그러니까 독서 후에 책에 대한 생각과 느낌을 자유롭게 표현하면 돼.

    꼭 글이 아니어도 된단다. 그림이나 만화로 표현해도 좋고 마인드맵으로 정리하거나 광고 문구를 만드는 것도 좋은 방법이야.

    글을 길게 쓴다고 다 좋은 독서록이라고는 할 수 없어. 얼마나 자신의 생각을 잘 정리하느냐가 중요해.

    일기는 다른 사람에게 보여 주기 위해 쓰는 글이 아니지만 독서록은 다르단다. 다른 사람들이 읽고, 때로는 평가를 하는 글이므로 느낀 점이나 생각을 잘 정리해서 써야 해.

독서록을 쓰면 생각을 논리적으로 정리하는 능력을 키울 수 있단다. 물론 한두 번 쓴다고 부쩍 실력이 느는 것은 아니야. 일기를 매일 쓰면서 글 쓰는 능력을 키워가듯, 독서록도 습관처럼 쓰다 보면 점점 실력이 늘어날 거야.

좋은 독서록을 쓰기 위해서는 어떤 책을 읽어야 할까? 아무래도 생각을 키우고 지식을 넓히는 데 도움이 되는 책이 좋겠지?

글을 쓰는 능력만큼 좋은 책을 고르는 능력도 필요하단다. 서점이나 도서관 등에서 내 수준에 맞고, 나에게 필요한 책을 골라 보자. 정 어렵다면 학교에서 정해 준 필독도서 목록을 참고해도 좋아. 자, 준비됐지? 이제 직접 좋은 책을 골라 읽고 독서록을 써 볼까?

지은이 조영경

차례

1. 엄마도 책을 먹어 봐 | 줄거리 위주의 독서록 – 책을 먹을 테니 이야기를 내놓아라 / 8

2. 괴물한테 예절을 배우라고? | 뒷이야기 상상해서 쓰는 독서록 – 예절 선생님이 된 괴물 / 14

3. 나도 모르게 넘어간 칭찬 | 배울 점을 찾아보는 독서록 – 칭찬은 마음을 녹인다 / 20

4. 내가 그림을 감상하는 방법 | 미술독서록 – 타히티 섬으로 놀러 가자 / 26

5. 땅 속에는 뭐가 살고 있을까? | 과학독서록 – 나도 땅 속으로 여행을 가고 싶다 / 32

6. 나도 내 마음을 몰라 | 주인공독서록 – 이제 내 맘을 얘기할게 / 38

7. 요상한 키 재기 | 수학독서록 – 기준에 따라 달라지는 값 / 44

8. 짧을수록 긴 독서록 | 동시독서록 – 내 고향의 봄은 어떤 모습일까? / 50

9. 달달이와 콤콤이가 내 입에 집을 만들었다 | 그림독서록 – 달달아 콤콤아, 헌집 줄게 새집 다오 / 56

10. 내 몸 속의 사령부 | 마인드맵독서록 – 으왝 사령부의 작전표 / 62

11. 여름을 이기는 방법 | 기사독서록 - 쪽빛을 찾아서 / 68

12. 화가 나는 것을 어떻게 해! | 경험과 연결한 독서록 - 나도 화가 나는 걸 어떻게 해 / 74

13. 1,000원도 10원부터 시작했다 | 경제독서록 - 제대로 소비해야 높아지는 돈의 가치 / 80

14. 내 양말에 웃음이 피었어요 | 만화독서록 - 또야 너구리의 엉덩이는 귀여워 / 86

15. 내 마음은 콩알 반쪽 | 편지독서록 - 마음은 넓고 몸만 반쪽인 반쪽이에게 / 92

16. 안 되는 게 아니라 안 하는 거야 | 위인전독서록 - 자신을 이긴 화가 / 98

17. 아빠와 아들 | 인터뷰독서록 - 아빠, 사랑해요 / 104

18. 멋지고 분위기 좋은 한옥 | 독서퀴즈독서록 - 집 지을 때 알아야 할 것들 / 110

19. 멋진 가게를 소개합니다 | 광고독서록 - 화려한 왕자와 작은 제비의 감동적인 이야기 / 116

20. 슬픈 이야기는 이제 그만 | 이야기를 바꿔 써 보는 독서록 - 은혜 갚은 기러기 / 122

1. 엄마도 책을 먹어 봐
-줄거리 위주의 독서록

　내 이름은 김 준. 초등학교 1학년이다.
　초등학교에 입학해 보니 유치원하고 많이 다르다. 수업 내용에 따라 해야 할 것도 많고 할 일도 많다.
　그 중에서도 나는 글씨 쓰는 게 제일 싫다. 알림장도 그냥 휴대전화 문자로 보내 주었으면 좋겠다.
　그런데 오늘은 새로운 글쓰기가 하나 더 추가되었다. 바로 독서록이다.
　"오늘은 학급문고에서 책을 빌려가서 독서록을 써 보도록 하세요."
　선생님 말씀을 듣고 나는 한숨부터 쉬었다.
　'아, 정말 초등학교에서는 쓸 게 많구나. 일기도 겨우 쓰고 있는데 독서록은 또 어떻게 쓴담?'

나는 학급문고 앞에 멍하니 서서 책 제목만 읽고 있었다. 심드렁한 나와는 달리 내 짝인 소현이는 두 눈을 반짝이며 책을 골랐다.

"나는 책이 정말 좋아. 책 쓰는 사람들은 어쩌면 이렇게 재미있는 이야기를 많이 알고 있을까? 작가들은 정말 멋진 것 같아."

그런 소현이를 보면서 나는 오늘 아침의 엄마 얼굴을 떠올렸다. 엄마는 부스스한 얼굴로 토스트를 만들고 있었다.

"엄마, 어디 아파? 또 밤샌 거야?"

"응, 마감이라서. 준아, 오늘은 그냥 빵 먹고 학교 가라. 미안."

우리 엄마는 글을 쓰는 작가다. 평소에는 별로 못 느끼지만 마감 때가 되어 밤을 샌 날에는 엄마 얼굴이 말이 아니다. 정말 한 10년은 늙어 보인다. 머리도 뻗치고 가끔 세수도 안 한다.

"소현아, 글 쓰는 사람이 생각보다 멋있지는 않아."

"응?"

소현이가 책 한 권을 빼들며 물었다.

"아니 뭐, 그렇다고."

나도 손에 잡히는 대로 책 한 권을 빼들고 내 자리로 돌아왔다.

집에 오니 엄마가 아침보다 훨씬 더 핼쑥한 얼굴로 맞이했다.

"준아, 엄마가 너무 피곤해. 미안하지만 잠깐 낮잠 좀 잘게."

엄마는 그대로 소파에 쓰러졌다. 나는 식탁에서 간식을 먹으며 빌려온 〈책 먹는 여우〉를 읽었다.

다 읽고 나서 쿨쿨 자고 있는 엄마에게 이불을 덮어 주며 속으로 중얼거렸다.

'엄마, 글 쓰는 게 너무 힘들면 여우처럼 책을 먹어 보는 건 어떨까?'

준이의 독서록

책제목: 〈책 먹는 여우〉

지은이: 프란치스카 비어만   **출판사**: 주니어김영사

제목: 책을 먹을 테니 이야기를 내놓아라   **날짜**: 3월 15일

    여우 아저씨는 책을 좋아한다. 읽는 것뿐만 아니라 먹는 것도 좋아한다. 보통 하루에 세 끼를 먹듯 여우 아저씨는 하루에 책 세 권을 먹어야 했다.

    그런데 책값이 비싸 쫄쫄 곯게 되었다. 배가 고팠던 여우 아저씨는 결국 책을 훔쳤다. 하지만 곧 붙잡혀 감옥에 가게 되었다. 여우 아저씨에게는 독서 절대 금지라는 벌이 내려졌다.

    읽을 책이 없어서 쫄쫄 곯던 여우 아저씨는 꾀를 생각해 냈다. 교도관에게 종이와 연필을 얻어 직접 책을 쓰기 시작한 것이다.

    그렇게 여우 아저씨가 쓴 책은 베스트셀러가 되었고, 여우 아저씨는 감옥에서 나올 수 있었다.

    여우 아저씨는 베스트셀러 작가가 되어 엄청난 부자가 되었고 세계적으로 유명한 작가가 되었다.

엄마가 준이에게

줄거리 위주의 독서록이란?

줄거리 위주의 독서록은 책을 읽고 난 후 책의 줄거리와 자신의 생각, 느낀 점 위주로 쓰는 독서록을 말해.

줄거리 위주의 독서록 소재 찾기

❶ 독서록을 쓰려면 먼저 책을 읽어야겠지? 처음부터 어려운 책이나 글밥이 많은 것을 읽기보다는 재미있는 책이 좋아.
❷ 무엇을 읽어야 할지 모르겠다고? 아마 학교에서 반드시 읽으라고 하는 책이 있을 거야. 권장도서나 필독도서부터 시작하면 어떨까?
❸ 친구들은 어떤 책을 읽고 있을까? 친구들하고 바꿔 읽는 것도 여러 종류의 책을 읽을 수 있는 좋은 방법이란다.

줄거리 위주의 독서록 잘 쓰는 방법

❶ 주로 책의 줄거리를 썼구나. 그런데 책을 읽고 난 느낌이나 새로 알게 된 점 등을 같이 써야 좋은 독서록이 될 수 있어.
❷ 일기처럼 독서록을 쓰는 방법에도 여러 가지가 있단다. 이제부터 엄마가 재미있게 독서록 쓰는 방법을 알려 줄게.

2. 괴물한테 예절을 배우라고?
-뒷이야기 상상해서 쓰는 독서록

"크아앙~!"

"꺄악-!"

소현이와 하영이가 두 눈을 꼭 감고 비명을 질렀다.

"하하하, 소현이 얼굴 좀 봐!"

"푸하하하, 하영이는 엉덩방아를 찧었어. 크크크."

태호와 나는 소현이와 하영이가 놀라는 모습을 보고 배를 잡고 웃었다.

"너희들 뭐야! 갑자기 소리를 지르면 당연히 놀라지. 간 떨어질 뻔했네."

하영이가 톡 쏘아댔다.

내가 혀를 메롱 내밀자 소현이와 하영이는 '흥!' 하고 토라져서는 우리 앞을 지나갔다.

"쳇, 역시 여자애들은 어쩔 수 없다니까. 장난 좀 친 거 가지고 예민하게 굴기는……."

학교에서 돌아오니 엄마의 잔소리가 시작되었다.

"준이 너, 하영이랑 소현이 놀라게 했다며? 그러다가 친구들 다치면 어쩌려고 그러니?"

"그냥 장난이었어. 내일 미안하다고 그럴게. 장난 좀 친 걸 가지고……."

나는 마지못해 대답했다.

오랜만에 아빠가 일찍 퇴근하셔서 같이 저녁 식사를 했다.

"앗싸! 내가 좋아하는 불고기!"

나는 날름 불고기 반찬을 집어먹었다.

"준아, 아빠 드신 다음에 먹어야지. 그렇게 질질 흘리면 어떻게 해. 다른 반찬에 국물이 떨어지잖아."

"그러게. 준이 식탁 예절이 별로네."

아빠도 한 마디 거들었다. 그 뒤로 엄마는 작정한 듯 잔소리를 해댔다.

"반찬 좀 그만 뒤적거려. 밥 흘리지 말고! 반찬은 젓가락으로 먹어야지!"

결국 엄마는 못 참겠다는 듯이 벌떡 일어났다.

"준이는 괴물들한테서라도 예절 좀 배워야겠다."

"우적우적, 쩝쩝. 엄마, 내가 아무리 그래도 괴물보다는 낫지. 안 그래?"

내가 반찬 묻은 손가락을 쪽쪽 빨면서 말하자, 엄마는 방에서 책 한 권을 꺼내왔다.

"글쎄다? 계속 그런 식이면 괴물보다 못한 아이가 될 텐데? 이 책 읽고 넌 어떤 괴물이 될지 생각해 봐."

〈괴물 예절 배우기〉라는 책을 받아들고 나는 중얼거렸다.

"괴물한테 무슨 예절을 배우라는 거야?"

준이의 독서록

책제목 : <괴물 예절 배우기>
지은이 : 조안나 코울 출판사 : 시공주니어

제목 : 예절 선생님이 된 괴물   날짜 : 3월 27일

　로지는 괴물치고는 너무 착해서 엄마아빠 걱정이 이만저만이 아니었다. 그래서 말썽꾸러기 프루넬라가 로지에게 괴물 예절을 가르치려 했지만 헛수고였다.
　그러던 어느 날, 로지네 수도관이 터졌다. 집이 온통 물바다가 되자 로지의 엄마아빠는 배관공에게 전화를 걸어 빨리 오라고 으르렁거렸다. 그런데 배관공은 그저 대답만 할 뿐이었다. 하지만 로지가 예의바르게 부탁하자 배관공은 즉시 달려왔다.
　그 후 괴물들은 어떻게 됐을까?
　괴물들은 지금까지의 예절 따위는 생각하지 않기로 했다. 대신 로지가 하는 대로 따라했다. 로지처럼 인사도 잘하고, 얌전히 식사하고, 다른 사람에게 친절했다. 그러자 괴물들은 물론 괴물을 무서워하던 사람들도 점점 괴물들과 친해졌다.
　심지어는 어떻게 하면 괴물들처럼 예의바른 사람이 될 수 있을까 생각했다. 사람들은 로지를 예절 선생님으로 모시고 괴물들의 예절을 배우게 되었다.

엄마가 준이에게

뒷이야기 상상해서 쓰는 독서록이란?

뒷이야기 상상해서 쓰는 독서록은 이야기를 다 읽고 나서 그 뒤에 어떤 일이 일어났을지 상상해서 쓰는 독서록이야.

뒷이야기 상상해서 쓰는 독서록 소재 찾기

❶ 대부분 이야기는 '그래서 행복하게 잘 살았답니다'로 끝나지. 그렇다면 어떻게 행복하게 살았을지 상상해 보자. 〈개구리 왕자〉는 혹시 개구리 때의 생활 습관 때문에 난처한 일은 없었을까? 어쩌면 궁전 생활보다 연못 생활을 더 그리워했을지도 몰라.

❷ 또는 새로운 사건을 만들어서 원래 이야기와 다른 결말을 맺는 것도 재미있을 거야. 부자가 된 흥부와 가난해진 놀부에게 새로운 제비가 새로운 박씨를 물어다 주었다면 어떤 일이 벌어질까?

뒷이야기 상상해서 쓰는 독서록 잘 쓰는 방법

❶ 괴물들은 정말 예의가 없었는데 로지 때문에 착하게 되고, 사람들의 예절 선생님까지 되었다니 정말 재미있구나.

❷ 이야기를 반드시 좋은 쪽으로만 생각할 필요는 없어. 마지막에 "이제 예절 따윈 신경쓰지 마라 얘야." 하고 엄마가 한 말을 로지가 그대로 따라 하는 거야. 그래서 다른 괴물보다 더욱 못된 괴물이 되었다면 어땠을까?

3. 나도 모르게 넘어간 칭찬
－배울 점을 찾아보는 독서록

"너, 오늘 재윤이랑 잘 놀더라?"
엄마가 웃으면서 말했다.

재윤이는 나보다 한 살 아래 고종사촌이다. 작년까지 미국에서 살았으니 당연히 영어를 잘한다. 그런데 어른들은 재윤이가 영어를 잘한다고 똑똑하네, 영재네 하고 칭찬을 한다.

칭찬까지는 좋다. 문제는 꼭 나랑 비교한다는 것이다. 당연히 기분이 좋을 리 없다. 재윤이도 곱게 보이지 않는다.

그런 재윤이가 우리 집에 가끔 놀러 온다. 그럴 때마다 나는 데면데면하다. 오든 말든 못 본 체한다.

오늘도 나는 재윤이를 본체만체하고 컴퓨터 게임만

하고 있는데, 재윤이가 옆에 와서 먼저 말을 걸었다.
"우와~ 형, 이 게임 되게 잘한다!"
"너도 게임 같은 거 하냐?"
내가 시큰둥하게 묻자 재윤이가 모니터에서 눈을 떼지 못하며 말했다.
"그럼. 그런데 아무리 해도 잘 안 돼. 어떻게 이렇게 잘할 수 있지? 좀 가르쳐 줘."
나는 조금 우쭐해졌다.
"너 같은 똑똑이가 이런 것도 못하냐?"
"똑똑이는… 형이 더 똑똑하지. 게임 잘하지, 한자도 많이 알지. 난 한자는 정말 어려워. 학습지 할 때마다 엄마한테 혼나. 준이 형 반만 따라하라고."
'오호, 고모가 내 칭찬을? 게다가 재윤이도 나를 칭찬하고 있잖아?'
"뭐 그 정도 가지고. 너, 이 게임 잘하고 싶다고 했지? 사실 이건 요령이 좀 필요해."
나는 재윤이에게 게임 요령을 가르쳐 주었다. 게임

뿐만 아니라 한자와 영어 이야기를 하다 보니, 저녁 먹고 집에 갈 때까지 재윤이와 붙어 있게 되었다. 예전과는 사뭇 다른 분위기였다.

아마 엄마는 그 모습을 보고 말한 것 같다.

"엄마, 재윤이도 똑똑하기만 한 건 아니더라. 내가 게임을 하는데 입을 못 다물더라고. 어쩌면 그렇게 잘하냐고 해서 내가 한수 가르쳐 줬지. 한자도 좀 가르쳐 주고. 얘기해 보니까 걔가 미국에서만 살아서 한국어도 조금 서툴더라."

내가 우쭐대자 엄마가 피식 웃었다.

"재윤이가 똑똑하기는 한 거네. 너를 들었다놨다 한 걸 보니."

엄마는 그러면서 내게 책 한 권을 내밀었다.

"고모가 너랑 재윤이 주려고 샀대. 재윤이는 이미 읽은 거 같아. 너도 읽고 독서록 써 봐."

엄마가 내민 책은 〈행복한 의자나무〉였다.

준이의 독서록

책제목: 〈행복한 의자나무〉
지은이: 량 슈린   **출판사:** 북뱅크

제목: 칭찬은 마음을 녹인다   **날짜:** 4월 1일

거인 에이트의 꽃밭에 혼자 있기 좋아하는 나무가 있었다. 나무는 아이들과 노는 것도, 새와 벌이 날아오는 것도 싫어했다.

그러던 어느 날, 거인이 나무에 걸터앉았다. 그리고 나무에게 칭찬을 했다. 칭찬을 처음 들은 나무는 기분이 이상했다. 무거운 거인이 앉아 있는데도 참을 수 있을 정도로 기분이 좋았다.

그 후 나무는 조금씩 변해갔다. 나뭇잎이 풍성하게 나고 꽃을 많이 피웠다. 거인과도 좋은 친구가 되었고 아이들과도 사이좋게 지냈다.

어쩌면 거인도 나무가 마음에 들지 않았을 수 있다. 그래도 먼저 다가가 나무의 닫힌 마음을 열었다. 나무는 거인의 꽃밭에서 외톨이가 될 뻔했는데, 꽃밭에서 가장 인기 많은 곳이 되었다. 거인의 넓은 마음과 칭찬 덕분인 것 같다.

칭찬은 참 신기하다. 다른 사람의 마음을 녹일 뿐만 아니라, 칭찬을 들으면 더 잘해야지 하는 마음까지 들기 때문이다.

엄마가 준이에게

배울 점을 찾아보는 독서록이란?

책을 읽다 보면 감동을 받기도 하고 재미를 느끼기도 하고 지식을 얻기도 해. 그 가운데 교훈을 얻을 수 있는 이야기에 대해 쓴 독서록을 말해.

배울 점을 찾아보는 독서록 소재 찾기

❶ 주인공의 행동이나 마음에서 배울 점을 찾을 수도 있어. 〈토끼와 거북이〉의 거북이나 〈금도끼 은도끼〉의 나무꾼한테서 어떤 점을 배울 수 있을까?
❷ 때로는 주인공이나 등장인물의 실수에서도 배울 점을 찾을 수 있단다. 〈황금물고기〉에서는 아내처럼 욕심을 부리다가는 모든 것을 잃을 수 있다는 교훈을 얻을 수 있겠지?

배울 점을 찾아보는 독서록 잘 쓰는 방법

❶ 준이는 거인에게서 배울 점을 찾았구나.
❷ 배울 점을 찾은 데 그치지 않고, 앞으로 어떻게 하겠다는 다짐까지 했으면 더 좋은 독서록이 되었을 거야. '나도 거인처럼 친구들을 칭찬하는 넓은 마음을 가져야겠다.' 하고 말이야.

4. 내가 그림을 감상하는 방법
-미술독서록

작은 이모는 화가이다. 그런데 이모의 그림은 좀 이상하다. 도대체 무슨 그림인지 알 수가 없다.

전시회를 한다고 해서 지난 일요일에 엄마아빠랑 같이 갔다왔다. 이번에도 역시나 그림이 복잡하다. 제목은 분명히 〈봄〉인데 대체 어디가 봄이란 말인가!

"이모, 나는 미술시간에 선생님이 '봄'에 대해 그려라, 하면 꽃이랑 나비랑 하여튼 그런 거 그리거든? 그런데 이모 그림은……."

나는 차마 다음 말을 잇지 못했다.

"좀 뭐? 못 그린 거 같다고?"

이모 말에 나도 모르게 고개를 끄덕였다.

"오호호호~! 역시 아직 준이한테는 어려워. 1학년은

그냥 정물화 정도만."

엄마가 옆에서 웃으며 말했다.

"어머, 언니. 1학년이라고 무시하지 마. 준이도 설명만 해 주면 다 이해할 걸, 그치?"

"맞아. 엄마는 날 좀 무시하는 거 같아. 그래도 이건… 봄은 아닌 거 같아. 이건 꼭 퍼즐처럼 보여."

"음… 준아, 준이는 아까 봄을 주제로 한 그림에 꽃이랑 나비랑 그런 거 그린다고 했지? 거기에 네 생각이나 마음까지 그려 본 적 있어?"

이건 또 무슨 소리야? 생각이나 마음을 그리다니? 그림은 있는 그대로를 그리는 거 아닌가?

이모는 내 표정을 보고 웃으며 말했다.

"눈에 보이는 것만 그리는 게 아니야. 생각이나 마음, 기분도 그릴 수 있어. 이건 이모가 혼자 유학할 때 그린 그림이야. 아주 따뜻한 봄날인데 외할머니랑 외할아버지 그리고 준이네 식구가 너무 보고 싶은 거야. 어렸을 적 봄의 기억들도 떠오르고 말이야. 그래서 옛

날 생각이랑 지금의 내 모습, 한국의 봄과 이모가 살던 곳의 봄을 이렇게 조각내어 그려 본 거야."

그림을 다시 보니 구석에 웅크리고 있는 작은 소녀가 이모의 모습 같았다. 이모가 어떤 기분이었을지 알 수 있을 듯했다.

나는 그림을 한동안 바라보다가 이모에게 말했다.

"흠… 이모, 그림에서 '집에 가고 싶다' 하는 느낌이 팍팍 전해져오는데?"

"그치? 정말 한국에 오고 싶었어."

"이모의 봄은 꽤 외로웠나 보다."

"어머, 애 좀 봐? 외로운 게 뭔 줄 알아? 오호호!"

엄마가 또 웃는다. 나는 엄마의 웃음소리에 기분이 확 상했다. 내 그림 감상의 최대 적은 엄마다. 어쩜 이모랑 달리 이렇게 감성이라는 게 없을까?

준이의 독서록

책제목: 〈미술관에 핀 해바라기〉
지은이: 제임스 메이휴   **출판사:** 크레용하우스

제목: 타히티 섬으로 놀러 가자   **날짜:** 4월 9일

케이트는 할머니와 함께 미술관에 놀러 갔다. 그 곳에서 고흐의 〈해바라기〉 그림을 보다가 그만 그림 속으로 빨려들어갔다. 그리고 〈춤추는 브르타뉴 소녀들〉의 미미와 함께 미술관의 그림 속을 여행한다.

미미의 강아지 조이가 그림 속으로 들어가 말썽을 피우는 것도 재미있지만, 나는 그림을 많이 볼 수 있어서 이 책이 좋았다.

많은 그림 가운데 고갱 아저씨의 〈타히티의 전원〉이라는 그림이 좋다. 그림 속에는 언덕에 피리 부는 여자와 하얀 옷을 입은 여자가 앉아 있다. 멀리로는 춤을 추는 여자들도 보인다. 그리고 개도 한 마리 있다. 그림 속으로 들어간 강아지 조이는 아마 이 개와 잘 놀았을 것 같다.

타히티는 평화로운 섬이라고 한다. 케이트와 미미가 발견한 보물상자가 진짜로 있을 것 같다.

그림을 보면서 많은 상상을 할 수 있어서 좋았다.

엄마가 준이에게

미술독서록이란?

미술독서록은 미술에 관련된 책을 읽고 쓰는 독서록을 말해.

미술독서록 소재 찾기

❶ 책에 있는 미술 작품을 모두 쓸 필요는 없어. 마음에 드는 하나를 정해서 느낌을 써 보자.
❷ 작가가 어떤 생각을 가지고 작품을 그렸을지 상상해 보는 것도 재미있을 거야.
❸ 그림뿐만 아니라 책 내용 가운데 기억에 남는 단어의 뜻을 찾아보는 것은 어떨까? 미술은 주제에 따라, 또는 시대에 따라 나뉘거든. 인상파라든지 낭만파, 입체파처럼 말이야.

미술독서록 잘 쓰는 방법

❶ 준이는 〈타히티의 전원〉이라는 작품이 마음에 들었구나. 그림에 대한 묘사는 아주 잘했어.
❷ 그런데 이왕이면 작품을 그린 화가가 무슨 생각을 하고 무엇을 표현하려고 했는지에 대해서도 생각해 봤다면 더 좋은 독서록이 되었을 거야. 이모 그림에서 봤듯이 그림에는 많은 이야기가 숨어 있으니까 말이야.

5. 땅 속에는 뭐가 살고 있을까?
－과학독서록

"비가 언제까지 올 거야?"

나는 시원하게 쏟아지는 빗줄기에 대고 괜히 신경질을 부렸다. 숙제도 없고 학원 수업도 없는 날이다. 이런 날은 햇볕이 쨍쨍해야 나가서 놀고 올 텐데, 비라니! 정말 아깝다.

"준아! 엄마, 우체국 갔다올 테니까 집 잘 보고 있어."

엄마가 겉옷을 입으면서 말했다.

"나도 같이 가!"

나는 서둘러 따라나설 준비를 했다.

"비도 오는데 그냥 집에 있지……."

엄마는 조금 귀찮은 듯 얼굴을 찡그렸다.

우체국 가는 길에는 벚나무 가로수가 늘어서 있다. 활짝 핀 꽃들이 비 때문에 모두 떨어져 있었다. 보도블록이 벚잎에 덮여 마치 눈이 온 것처럼 하얗다.
"우와, 멋있다! 역시 따라오길 잘했어."
내가 감탄하고 있는데 갑자기 엄마가 비명을 질렀다.
"꺄악~ 지렁이!"
아, 정말 이럴 때는 창피하다니까. 무슨 어른이 지렁이 따위에 소리를 지를까?
"엄마, 지렁이가 뭐가 무서워?"
"싫어, 싫어! 꿈틀대는 건 다 싫어!"
지렁이는 엄마 비명소리에 놀라 기절했는지 꼼짝도 하지 않았다.
엄마는 슬금슬금 지렁이를 피해 지나갔다.
나는 지렁이 가까이 다가갔다.
"준아, 얼른 안 오고 뭐해?"
엄마는 여전히 겁에 질려 있었다.

"엄마, 여기서 기다리고 있을게 우체국 다녀와."

나는 아예 쭈그리고앉아 지렁이의 움직임을 살폈다.

"으으, 지렁이 따위가 뭐가 좋다고. 알았어. 금방 갔다올 테니까 기다리고 있어."

엄마는 몸을 한번 부르르 떨고는 우체국으로 향했다.

엄마야말로 지렁이 따위가 뭐가 징그럽다고 그런담? 꿈틀대는 것이 좀 그렇지만, 땅 속에서 살다가 비 오는 날에만 볼 수 있는데 말이다.

어? 그런데 땅 속에는 지렁이만 사나? 개미도 살고 또 뭐가 살고 있지?

준이의 독서록

책제목 : 〈사사사삭 땅 속으로 들어가 봐〉
지은이 : 김순한   출판사 : 대교출판

제목 : 나도 땅 속으로 여행을 가고 싶다   날짜 : 4월 15일

비 오는 날 지렁이를 관찰하다가 문득 땅 속 세상이 궁금해졌다. 이 책의 주인공처럼 나도 개미만큼 작아져서 땅 속 세상을 구경할 수 있다면 얼마나 좋을까?

개미는 땅 속에 넓은 방을 여러 개 만들어 생활한다. 알이 있는 방, 애벌레를 기르는 방, 먹이방 등 잘 구분해 두었다.

지렁이도 땅 속에 살고 있다. 지렁이 똥에는 식물이 자라는 데 필요한 양분이 많다고 한다. 또 계속 땅을 파서 지구가 숨쉬는 것을 도와 준다고 한다. 보기에는 징그럽지만 사람에게는 아주 이로운 동물이다. 지렁이가 겨울잠을 잔다는 것도 처음 알았다. 그리고 눈과 귀가 없는 대신 살갗으로 빛과 소리를 느낀다는 점이 흥미로웠다.

'왜 지렁이는 비 오는 날에만 보일까?' 하는 의문에 대한 답도 찾았다. 바로 굴에 물이 차면 숨을 쉴 수 없어서 땅 밖으로 나오는 거라고 한다.

땅 속에는 꽤 많은 곤충과 동물들이 살고 있다. 그 가운데 땅강아지는 직접 본 적이 없다. 전갈처럼 생긴 앉은뱅이도 꼭 관찰해 보고 싶다.

엄마가 준이에게

과학독서록이란?

과학독서록은 과학에 관련된 책을 읽고 쓰는 독서록이란다. 과학독서록을 쓰다 보면 줄거리가 있는 책보다는 꽤 많은 정보를 얻을 수 있어.

과학독서록 소재 찾기

❶ 과학독서록은 느낀 점은 물론 새로 알게 된 점을 두드러지게 쓰는 것이 좋아.
❷ 새로 알게 된 것들을 정리해 보렴. 공룡 관련 책을 읽고 각 시대를 구분해 보거나 초식공룡, 육식공룡을 정리해 보는 거야.
❸ 새로 알게 된 지식이 앞으로 과학에 어떻게 사용될 수 있을지 상상해 보는 것도 재미있을 거야. 우주에 관한 책을 읽고 우주 관광을 상상해 보면 어떨까?

과학독서록 잘 쓰는 방법

❶ 준이는 지렁이를 비롯해 땅 속에 사는 동물들에 대해 많은 것을 알게 되었구나. 궁금한 점도 해결하고 말이야.
❷ 과학독서록을 쓰면 과학 상식이 쌓이는 것은 물론이고 관찰력과 호기심, 탐구심까지 키울 수 있단다. 책의 내용을 잘 정리해 두면 좋은 학습자료도 될 수 있어.

6. 나도 내 마음을 몰라
-주인공독서록

"김준! 너 정말!"

하영이가 버럭 소리를 질렀다. 순간 움찔했다.

"하, 하영아. 그, 그게 아니라……."

하영이가 곧 울음을 터뜨릴 것 같아 나는 미안하다는 말만 하고 집으로 왔다. 속상하기는 나도 마찬가지였다. 정말 내 마음도 모르고…….

이상하게 하영이한테만 장난을 치게 된다. 마음은 그렇지 않은데 나도 모르게 짓궂은 농담도 한다.

장난을 치거나 농담을 하고는 꼭 후회하면서 나도 내가 왜 그러는지 모르겠다.

솔직히 하영이가 좋다. 하영이는 두 볼이 사과처럼 예쁘고 머리 모양도 다른 친구들보다 훨씬 예쁘다.

특히 요즘은 머리를 양갈래로 땋아 동글동글하게 말고 온다. 사과 같은 두 볼과 정말 잘 어울린다. 더군다나 오늘은 예쁜 원피스까지 입고 와서 더욱 예뻤다.
그런데 태호가 하영이를 보고 킥킥대며 말했다.
"하영아, 너는 머리에 찐빵 달고 다니냐?"
저렇게 예쁜 찐빵이 어디 있다고! 태호 말에 하영이의 사과 같은 볼이 빨개졌다.
'헤~ 화내니까 더 예쁘네.'
속으로 이렇게 생각하고 있는데 태호가 내 옆구리를 쿡 찔렀다.
"그치, 준아. 머리에 꼭 찐빵 단 거 같지?"
그 말에 나도 모르게 툭 내뱉고 말았다.
"응, 얼굴은 빨간 게 꼭 김치 왕만두 같아!"
하, 정말 집으로 와서 내 입을 얼마나 때렸는지 모른다. 왜 마음에도 없는 말이 튀어나왔을까?
내가 풀이 죽어 있자 엄마가 간식을 내오며 물었다.
"너 또 하영이 놀렸다면서? 요즘 하영이한테 왜 그

러니?"

"그게 나도 잘 모르겠어. 하영이랑 친하게 지내고 싶은데… 하영이 울었대?"

나는 하영이가 걱정되어 물었다. 그러자 엄마는 미소를 지었다.

"있지, 엄마가 학교 다닐 때 유독 엄마만 괴롭히던 남자아이가 있었어. 매일 엄마보고 순대라고 놀렸단다. '내가 어디가 순대 같아!' 하고 따졌더니 '다!' 하고 도망가고 그랬어."

"정말? 그 못된 남자아이가 누구야?"

"바로 네 아빠."

엄마는 웃으면서 책 한 권을 내 주었다.

"어쨌든 친구를 놀렸으니 반성하는 의미로 책 읽고 독서록 써."

엄마가 건네 준 책 제목은 정말 내 마음과 똑같았다.

〈내 맘도 모르면서〉.

준이의 독서록

책제목: 〈내 맘도 모르면서〉

지은이: 이나모토 쇼지   **출판사:** 책읽는곰

제목: 이제 내 맘을 얘기할게   **날짜:** 5월 3일

책 제목을 본 순간 내 마음과 똑같다고 생각했다.
가끔 내 마음과는 다르게 행동하는 경우가 있다. 내 마음을 알아 주었으면 하고 바라지만, 제대로 말을 하지 않으면 오해하기 쉽다.
이 책 주인공도 자신의 마음과는 다르게 말하고 행동하고 있었다.
미노루 패거리들에게 시달려 친구인 겐과의 사이가 서먹해지고, 엄마에게 거짓말까지 했다.
내가 주인공이라면 그러지 않았을 것이다. 용기있게 내 마음 속 이야기를 모두 할 것이다. 겐에게 비록 약속 시간에는 늦었지만 남자 대 남자로서의 약속은 지켰다고 말할 것이다. 엄마에게도 내 마음을 사실대로 말해 엄마가 오해하지 않도록 할 것이다.
그리고 좋아하거나 친해지고 싶은 사람 앞에서는 더 장난꾸러기가 된다고 한다. 미노루 패거리도 함께 놀고 싶어서 괜히 방해를 한 것 같다. 내가 주인공이라면 미노루 패거리들에게 같이 놀자고 먼저 말할 것이다. 그렇게 겐과 나 그리고 미노루 패거리들은 5총사가 되어 같이 축구도 하고 잠자리도 잡으러 다닐 것이다.

# 엄마가 준이에게

주인공독서록이란?

주인공독서록은 '내가 주인공이라면 어땠을까?' 하고 상상하여 쓰는 독서록을 말해.

주인공독서록 소재 찾기

❶ 책을 읽으면서 "아, 나라면 이렇게 안 했을 텐데." "이 때 주인공이 이렇게 행동했으면 더 나았을 텐데." 하고 생각한 적 있지? 그 부분을 새로 써 보자.
❷ 재미있거나 감동적인 책의 주인공도 되어 보자. 〈걸리버 여행기〉 속의 걸리버처럼 신나게 여행도 하고, 〈피터팬〉의 팅커벨과 함께 하늘을 날며 후크 선장과 대결하기도 하고 말이야.

주인공독서록 잘 쓰는 방법

❶ 준이는 속마음을 제대로 얘기하지 못하는 글 속의 '나'가 답답했나 보구나.
❷ 주인공이 되어 보는 것도 좋지만, 이야기 속 주인공의 입장도 헤아려 주렴. 그런 후에 주인공이 되어서 독서록을 쓰는 게 좋겠어.

7. 요상한 키 재기 —수학독서록

학교에서 우유 급식을 시작한다. 그런데 나는 하지 않는다. 우유를 마시면 배가 아프기 때문이다.

내가 우유 급식을 안 한다니까 소현이와 태호가 놀란 듯이 물었다.

"왜 우유 급식을 안 해? 우유를 먹어야 키가 크지."

"응, 나는 우유를 먹으면 배가 아파서. 의사 선생님이 그러는데 치즈랑 요구르트 먹으면 우유 먹는 거랑 똑같대."

내가 대답하자 태호가 말도 안 된다며 말했다.

"어떻게 똑같아? 우유가 최고야. 나 봐, 이렇게 키도 크고 축구도 잘하잖아."

태호는 축구공을 흔들어 보였다.

"음, 키는 둘이 비슷해 보이는데?"

소현이가 중얼거리자 태호가 나에게 키를 재 보자고 했다.

나는 허리와 어깨를 쭉 펴고 태호와 등을 마주댔다.

물끄러미 살펴보던 소현이가 말했다.

"응, 태호가 약간 크다."

"거 봐, 우유를 먹어야 한다니까."

태호가 어깨를 으쓱거렸다. 나는 기분이 상했다. 약간 큰 거 가지고 뭘 저렇게 으스댄담.

며칠 뒤, 소현이가 엄마랑 놀러 왔다.

엄마들은 키에 대한 이야기를 하고 있었다.

"외모로 평가받는 것은 문제지만, 키가 작으면 걱정이 되기는 해요."

소현이 엄마와 우리 엄마는 우리 둘을 물끄러미 쳐다보았다.

"준이가 소현이보다 큰 거 같은데요?"

"크기는요. 태호보다도 작다고 하더라구요."

그러더니 소현이와 나에게 키를 재 보라고 했다.
"어머, 준이가 조금 크네요."
소현이 엄마가 말하며 고개를 갸웃거렸다.
"이상하다? 지난번에 태호 집에서 쟀을 때는 태호보다 소현이가 좀 크던데?"
"네? 소현이가 태호보다 크다고요? 준이는 태호보다 작다고 그러던데요?"
엄마도 이상하다는 듯이 중얼거렸다.
"엄마, 태호가 나보다 커. 지난번에 축구하러 가던 태호랑 재 봤어."
"아, 그러면 그렇지. 신발 때문이구나. 축구화가 다른 신발보다 조금 높지."
"그러게요. 소현이는 태호랑 맨발로 잰 거고, 준이는 태호랑 높이가 다른 신발을 신고 쟀으니 정확하지 않겠네요."
엄마와 소현이 엄마는 그렇게 말하며 웃었다.

준이의 독서록

책제목 : 〈다시 재 볼까?〉

지은이 : 강성은　　**출판사 :** 아이세움

제목 : 기준에 따라 달라지는 값　　**날짜 :** 5월 12일

　　엘리는 아빠와 단둘이 살았다. 그러던 어느 날, 새엄마와 셀리와 가족이 되었다. 새엄마와 셀리는 신데렐라의 새엄마와 두 언니처럼 아주 욕심꾸러기에 마음씨가 나빴다.
　　하루는 왕자님의 무도회가 열렸다. 새엄마와 셀리는 엘리가 무도회에 오지 못하게 꾀를 냈다. 하지만 엘리는 새엄마가 낸 내기에서 모두 이겨 멋진 드레스를 입고 반짝이는 신발을 신고 무도회에 갈 수 있었다.
　　나는 길이나 넓이를 잴 때 눈에 보이는 대로 짐작할 수 있을 거라고 생각했다. 하지만 자 없이 두 물건의 길이를 잴 때는 조심해야 한다. 두 길이를 비교할 때는 똑같은 조건에서 재야 어떤 것이 더 길고 짧은지 정확히 알 수 있다.
　　넓이도 무조건 옆으로 넓은 것이 아니라 가로와 세로의 길이를 함께 재야 한다는 것도 알았다. 양을 측정할 때도 마찬가지다. 셀리와 엘리처럼 다른 물통으로는 누가 더 많이 물을 길었는지 알 수 없다.
　　이렇듯 기준이 다르면 정확한 값을 구할 수 없다.
　　그것은 수학이나 과학에서 매우 중요한 것이다.

엄마가 준이에게

수학독서록이란?

수학독서록은 수학에 관련된 책을 읽고 쓰는 독서록이야. 줄거리가 있는 것이 아니어서 독서록 쓰는 게 익숙하지 않을 수 있지만, 재미있게 수학을 배울 수 있는 좋은 점이 있단다.

수학독서록 소재 찾기

❶ 수학 관련 책은 대부분 학교 수업 내용과 연관이 있는 경우가 많아. 대부분 교과서보다는 재미있게 많은 정보를 얻을 수 있단다.
❷ 전체를 다 쓰려고 하지 말고 새로 알게 된 부분을 정리해 보렴.
❸ 일상생활에서 발견할 수 있는 수학을 연결해서 써도 재미있을 거야.
❹ 또는 그림이니 도표로 정리하는 것도 수학독서록을 잘 쓰는 좋은 방법이란다.

수학독서록 잘 쓰는 방법

❶ 수학동화는 줄거리도 중요하지만 수학에 관한 내용을 잘 정리하는 게 더 중요해.
❷ 길이를 재는 방법이나 단위 등에 대해서 더 알아보고 생각해 보는 것이 좋을 듯하구나.

8. 짧을수록 긴 독서록 −동시독서록

  학교에서 돌아와 숙제도 하고 문제집도 풀었는데 5시밖에 안 되었다. 저녁 식사까지는 시간도 있고, 같이 놀 친구도 없어서 게임을 할까 했더니 엄마가 컴퓨터로 일하는 중이다.
  심심해서 장난감을 만지작거리고 있는데 엄마가 물었다.
  "오늘은 어떻게 집에 있어? 친구들하고 안 놀아?"
  "응. 태호랑 소현이는 학원에 간다 했고 하영이는 집에 손님이 오신대. 다른 친구들은 미리 약속을 안 해서 놀 수 없고……."
  그러자 엄마는 잘 됐다는 듯이 책 한 권을 꺼내 주며 말했다.

시몬, 너는 좋으냐, 낙엽 밟는 소리가

시몬, 나뭇잎새 져 버린 숲으로 가자.
낙엽은 이끼와 돌과 오솔길을 덮고 있다.

시몬, 너는 좋으냐, 낙엽 밟는 발자국 소리가
낙엽 빛깔은 정답고 쓸쓸하다.
낙엽은 덧없이 버림을 받아 땅 위에 있다.

시몬, 너는 좋으냐, 낙엽 밟는 발자국 소리가
석양의 낙엽 모습은 쓸쓸하다.
바람에 불릴 적마다 낙엽은 상냥스러이 외친다.

시몬, 너는 좋으냐, 낙엽 밟는 소리가
가까이 오라, 우리도 언제가는 가련한 낙엽이리라
가까이 오라, 벌써 밤이 되었다. 바람이 몸에 스민다.

시몬, 너는 좋으냐, 낙엽 밟는 발자국 소리가…

구루몽

"심심하면 엄마 옆에서 책이나 읽어. 이 책 재미있더라."

'에휴, 책 읽을 정도로 심심하지는 않은데……'

나는 투덜대며 엄마 옆으로 의자를 끌고 와 앉았다.

'무슨 책이 이렇게 두꺼워? 그림도 별로 없고, 딱 봐도 재미없겠다!'

나는 속으로 중얼거리면서 책을 읽기 시작했다.

조용한 집 안에 엄마가 두드리는 컴퓨터 자판소리만 들렸다. 그리고 간간이 내가 책장을 넘기는 소리가 들렸다.

그렇게 얼마 지나지 않아 엄마가 불쑥 말했다.

"어째 책장이 넘어가지를 않는다?"

나는 화들짝 놀라 자세를 바로 잡았다. 그러고 보니 딴 생각을 하느라 같은 쪽을 계속 펼쳐 놓고 있었다.

"엄마, 책이 두껍고 글씨가 너무 많아. 글자는 별로 없고 감동적인, 뭐 그런 책 없을까?"

내가 투덜대자 엄마가 의미심장하게 웃으며 말했다.

"없기는 왜 없어? 한 쪽에 글자가 몇 줄 안 되는 책도 있지. 그런 책이면 독서록도 잘 쓸 수 있을 거 같아?"

"응응!"

내가 신나서 대답하자 엄마가 책 한 권을 내밀었다.

"에, 동화책만큼 두껍잖아!"

내가 실망하자 엄마가 책을 펼쳐 보여 주었다.

"봐, 그래도 글자는 얼마 없지?"

으윽, 이것은!

"그래 맞아. 동시집이야. 동시는 짧은 글이지만 그 안에 지은이의 여러 생각들이 들어 있거든? 잘해 봐."

아~ 엄마, 이건 진짜 어렵잖아요!

준이의 독서록

책제목: 〈나무야 나무야 겨울 나무야〉
지은이: 이원수   출판사: 웅진닷컴

제목: 내 고향의 봄은 어떤 모습일까?   날짜: 5월 31일

〈고향의 봄〉 중에서

나의 살던 고향은 꽃 피는 산골
복숭아꽃 살구꽃 아기 진달래
울긋불긋 꽃대궐 차린 동네
그 속에서 놀던 때가 그립습니다.

노래인 줄로만 알았던 〈고향의 봄〉이 원래는 동시였다니 깜짝 놀랐다. 천천히 읽으면서 상상해 보니 꽃들이 만발한 시골길이 생각났다. 도시에서 태어나고 자란 나에게 '고향'은 어떤 느낌일까? 이 다음에 내가 그리워할 고향이 어떤 그림으로 남을지 궁금하다.

엄마가 준이에게

동시독서록이란?

동시독서록은 동시를 읽고 그 느낌과 감상을 쓰는 독서록을 말해. 또는 책을 읽고 난 느낌을 동시로 표현한 것도 동시독서록이라고 할 수 있어.

동시독서록 소재 찾기

❶ 동시는 짧지만 천천히 읽으면서 상상력을 발휘해 보렴. 머릿속으로 그림을 그려 보고 말이야. 상상하고 그림으로 그려 본 것을 그대로 글로 표현하면 좋은 독서록이 될 수 있어.
❷ 〈고향의 봄〉처럼 동시에다 곡을 붙인 것을 골라서 써 보자. 노래를 따라 부르면 동시의 분위기를 더 쉽게 느낄 수 있을 거야. 〈어린이날〉 노래도 시에다가 곡을 붙인 거란다.
❸ 또 동시가 한 권의 책이 된 것도 있어. 〈넉 점 반〉이라는 동화책처럼 말이야.
❹ 시를 옮겨 쓰거나 내용을 조금씩 바꿔서 표현해 보자. 〈고향의 봄〉을 준이가 바꿔 쓰면 어떻게 될까? '꽃피는 산골'이 복잡한 도시, 또는 네모난 아파트가 되겠지?

동시독서록 잘 쓰는 방법

❶ 준이는 동시를 읽고 난 느낌을 주로 썼구나. 준이 입장에서 동시를 읽은 느낌이 아주 재미있네.
❷ 다음에는 이야기책을 읽고 난 느낌을 동시로 표현해 보면 어떨까?

9. 달달이와 콤콤이가 내 입에 집을 만들었다 —그림독서록

"으읍!"

초콜릿을 먹다가 나도 모르게 얼굴을 찡그렸다. 그 순간을 놓칠 리 없는 엄마가 화들짝 놀란 목소리로 물었다.

"왜? 이 아파? 치과 가자."

그리고 잔소리도 폭풍처럼 몰아친다.

"어쩐지 초콜릿 너무 먹더라. 먹고 나서 양치질도 안 하고. 어휴, 속상해. 얼른 치과 가 보자."

후다닥 옷을 챙겨입고 한걸음에 동네 앞 치과에 도착했다. 정신을 차렸을 때 나는 이미 의자에 누워 입을 벌리고 있었다.

"아~ 해 보자."

의사 선생님이 내 이를 살펴보셨다.

"흠, 아래 어금니 사이가 썩은 거 같네요. 사진을 찍어 봐야 확실히 알겠습니다."

나는 간호사 선생님을 따라 엑스레이실로 갔다. 진찰실에서 엑스레이 찍으러 가는 그 사이에도 엄마의 잔소리는 끊이지 않았다.

"어금니 사이가 썩은 거면 두 개나 썩은 거네. 눈으로도 보이는 거면 꽤 썩은 건데, 신경치료는 떼어 놓은 당상이군. 마취주사는 생각만 해도 끔찍한데……."

엑스레이 사진을 살펴본 의사 선생님은 친절하게 설명해 주었다.

"여기 검게 보이는 부분이 썩은 것입니다. 이 부분은 신경치료까지 해야 할 거 같네요."

"그럴 줄 알았어요. 그나저나 신경치료하면 힘들 텐데요."

엄마가 걱정을 하자 선생님이 웃으며 말했다.

"유치원 아이들도 잘해요. 아드님도 잘할 거 같은데

요. 오늘은 시간이 부족하니 내일 일찍 오세요."

그렇게 진료를 마치고 나오는 길에 선생님이 책 한 권을 내밀었다.

"오늘 집에 가서 잘 읽고 내일 가져다 줄래? 지금 준이 입 속에 무슨 일이 일어나고 있는지, 내일 어떤 치료를 할지 잘 알 수 있을 거야."

선생님이 건네 준 책은 〈충치 도깨비 달달이와 콤콤이〉였다. 선생님에게 인사를 하고 치과를 나오는 길에 나는 궁금했던 것을 엄마에게 물었다.

"엄마, 엄마는 내가 신경치료를 할 줄 어떻게 알았어? 신경치료가 아픈 건 또 어떻게 알았고?"

"엄마가 치과를 한두 번 다닌 줄 알아? 엄마 어금니 중에 치과에 안 간 어금니가……."

엄마는 갑자기 입을 다물었다. 그리고 얼굴이 새빨개져서 말했다.

"너는 왜 쓸데없는 것을 물어보니? 선생님이 주신 책 읽고 독서록이나 써!"

준이의 독서록

책제목: 〈충치 도깨비 달달이와 콤콤이〉
지은이: 안나 러셀만   **출판사:** 현암사

제목: 달달아 콤콤아, 헌집 줄게 새집 다오   **날짜:** 6월 4일

달달이와 콤콤이는 입 안에 있는 음식 찌꺼기를 먹고 사는 충치다. 둘은 젖니마을을 충치마을로 만들어 훌륭한 사업가가 되려고 했다. 하지만 경찰이 탄 칫솔이 젖니마을을 청소하면서 젖니마을에서 쫓겨 났다. 경찰들이 지켜 주는 젖니마을은 아마 지금쯤 이런 모습일 것이다.

엄마가 준이에게

그림독서록이란?

그림독서록은 그림으로 책의 내용과 느낌 등을 표현하는 독서록을 말해.

그림독서록 소재 찾기

❶ 그림독서록은 이야기의 한 장면을 그림으로 그리는 거야. 〈신데렐라〉의 무도회 장면도 좋고 〈해와 달이 된 오누이〉에서 오누이가 동아줄을 타고 하늘로 올라가는 장면도 좋은 그림독서록 소재가 될 수 있어.
❷ 때로는 등장인물의 성격이나 이미지를 표현할 수도 있지. 심술궂은 놀부의 얼굴이나 뺑덕어멈의 얼굴을 그려 보자. 아무래도 왕자나 공주 얼굴과는 다르겠지?
❸ 정 힘들면 책 속의 삽화를 본떠 그려 보렴.

그림독서록 잘 쓰는 방법

❶ 준이는 달달이와 콤콤이가 떠난 입 속을 그렸구나.
❷ 그림독서록은 그림뿐만 아니라 간단한 설명이나 느낌을 덧붙이는 것이 좋아.
❸ 앞으로 양치질을 잘해서 다시는 달달이와 콤콤이가 오지 않게 하겠다는 결심을 덧붙였으면 좋겠다.

10. 내 몸 속의 사령부
- 마인드맵독서록

집에서 저녁 식사를 하는데 갑자기 속이 울렁거렸다.

"엄마, 토할 거 같아."

나는 그렇게 말하고 바로 화장실로 달려갔다.

"으웩-!"

나는 먹던 밥까지 다 토하고 말았다.

토하는 것은 정말 싫다. 냄새도 고약하고 목구멍의 느낌도 이상하고 숨도 못 쉬겠다.

"엉엉, 엄마!"

나는 울음을 터뜨리고 말았다.

"어머, 애가 웬일이야. 괜찮니?"

저녁 식사를 하다가 놀라 엄마가 뛰어와 내 등을 쓰

다듬어 주고 입을 닦아 주었다.

"엄마, 나 좀 누워 있을래."

나는 소파에 누워서 잠시 쉬었다. 하지만 잠시 후, 또 속이 울렁거렸다.

"으웩-!"

이번에는 화장실까지 달려갈 새도 없이 거실에 토하고 말았다. 또 울음이 터졌다.

"엉엉! 엄마 미안해. 화장실에 가려고 했는데……."

"괜찮아. 괜찮으니까 울지 마. 더 토하고 싶으면 얼른 화장실로 가고."

아빠가 더러워진 거실을 치웠다. 엄마는 울먹이는 나를 달래며 씻겨 주었다.

그 날 밤, 나는 잠을 제대로 못 잤다. 잠이 들만하면 배가 아파서 깨곤 했다. 엄마도 옆에서 거의 잠을 못 잔 것 같았다.

아침이 되자마자 엄마랑 병원에 갔다.

"장염이랑 약한 감기 때문인 거 같네요. 설사는 안

한다니 다행이에요."

설사까지 하면 탈수 증상 때문에 더 기운이 없을 거라고 했다. 그나마 어젯밤에 토를 몇 번하고 새벽에는 안 해서 수액을 맞을 필요는 없이 그냥 약만 처방해 주었다.

집으로 돌아와 엄마가 끓여 준 죽을 먹었다. 그리고 약을 먹자 스르르 졸음이 몰려왔다.

나는 그대로 잠이 들어 버렸다. 살짝 깨서 보니 엄마가 내 옆에서 같이 잠들어 있었다. 엄마도 나 때문에 잠을 제대로 못 잤으니 피곤할 것 같다.

'엄마, 고마워요.'

나는 속으로 그렇게 말하고 엄마 볼에 손을 얹었다. 그러자 엄마가 '끄응' 신음소리를 내며 뒤척였다. 그 순간, 으익! 엄마 입가에 침 한 줄기가 주르륵 흐르는 게 보였다.

'아, 더러워!'

그래도 고마워, 엄마.

준이의 독서록

책제목 : 〈으웩과 뿌지직〉
지은이 : 모우리 타네키   **출판사 :** 한림출판사

제목 : 으웩 사령부의 작전표   **날짜 :** 6월 22일

이 책은 제목부터가 속이 메슥거렸다. 그런데 막상 책을 펼쳐보니 생각했던 기분나쁜 내용이나 그림은 없었다. 나도 주인공인 수현이처럼 으웩을 한 적이 있다. 그럴 때는 그냥 아파서 그런가 보다 했는데 이유가 참 많다. 그리고 그 모든 것이 '으웩 사령부'를 화나게 해서라는 것도 알게 되었다.

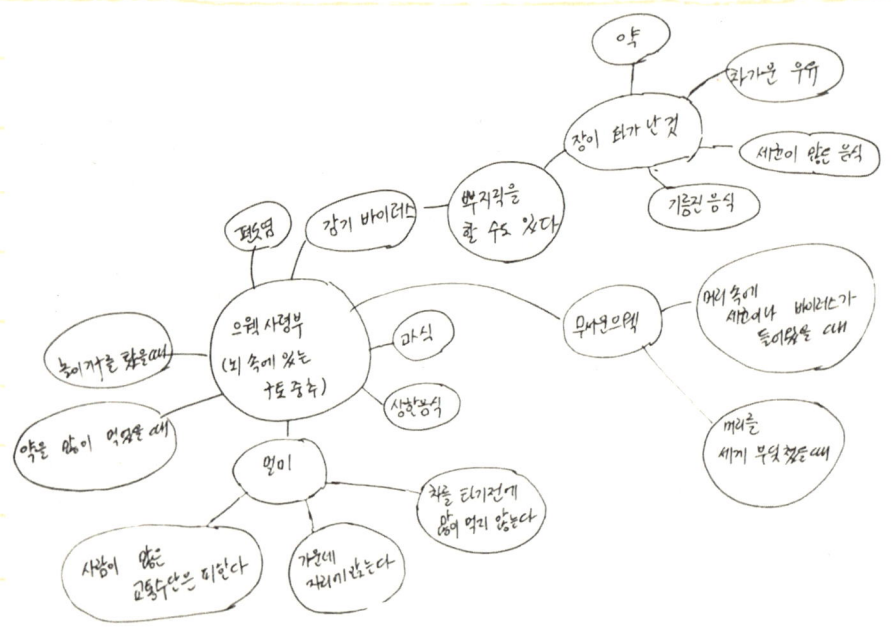

엄마가 준이에게

마인드맵독서록이란?

마인드맵독서록은 책을 읽고 중요 단어나 사건에 곁가지를 이어 그려가는 것을 말해. 마치 지도처럼 말이야.

마인드맵독서록 소재 찾기

❶ 마인드맵은 닥치는 대로 그리는 것이 아니야. 우선 큰 주제를 찾아야 해.
❷ 예를 들면 책의 제목을 놓고 주인공이나 배경, 등장인물, 사건 등을 곁가지로 만들 수 있겠지.
❸ 아니면 준이처럼 한 가지 주제를 놓고 사실이나 정보를 연결하는 것도 좋은 방법이야.

마인드맵독서록 잘 쓰는 방법

❶ 토하게 되는 원인에 대해 잘 정리했구나. 한눈에 알아볼 수 있겠어.
❷ 마인드맵은 사고력과 기억력 그리고 집중력을 키우는 데 도움이 된단다. 과학책뿐만 아니라 이야기책도 주인공을 중심으로 마인드맵으로 만들어 보렴.

11. 여름을 이기는 방법 —기사독서록

"아~ 더워!"

나는 냉장고문을 열고 안에다 얼굴을 집어넣었다.

"준아, 냉장고 연 김에 오이 꺼내라. 시원하게 오이 냉채나 해 먹자. 정말 너무 덥다."

엄마는 저녁 준비를 하느라 얼굴에 땀이 송골송골 맺혔다.

"여름이 덥지 그럼 춥냐? 여름에는 덥고 겨울에는 추워야 정상이야."

소파에 앉아 텔레비전을 보던 아빠가 말했다. 엄마는 입을 쑥 내밀고 투덜거렸다.

"이 더운 날씨에 불 앞에서 밥해 보라구요. 그런 소리가 나오나."

엄마는 내가 꺼낸 오이 하나를 아삭 깨물었다. 그 때 텔레비전 소리가 들렸다.

"기자가 나와 있는 이 곳은 전남 나주입니다. 중요무형문화재 염색장(천연염료로 옷감에 물을 들이는 장인)이 하늘에 푸른 바다를 수놓고 있습니다."

"우와, 다들 와서 이것 좀 봐. 이야, 이건 뭐……."

아빠의 호들갑에 엄마와 나는 서둘러 텔레비전 앞으로 다가갔다. 기자의 말대로 파란 하늘에 푸른 파도가 물결치고 있었다.

"와, 멋있다!"

긴 빨랫줄에 푸른색 천들이 펄럭이고 있었다. 푸른색도 한두 가지가 아니었다. 옥색, 하늘색, 파란색, 남색 등등 온갖 푸른색은 다 모여 있는 듯했다.

"아빠, 저게 뭐야?"

"천연염색이란다. 쪽빛이라고, 쪽이라는 식물로 물들인 옷감이래."

"보는 것만으로도 시원하다."

우리는 더위도 잊고 바람에 펄럭이는 시원한 쪽빛 천들을 감상했다. 파도 소리마저 들리는 듯했다.
"다음 소식입니다."
뉴스가 바뀌는 순간 시원했던 기분이 싹 사라졌다.
"역시 더워."
엄마는 다시 어깨를 축 늘어뜨리고 부엌으로 향했다. 그러다가 문득 방으로 들어가더니 책 한 권을 꺼내 왔다.
"있다, 있어! 이거 보면 아까처럼 기분이 시원해질 거야."
엄마가 꺼내온 책은 〈쪽빛을 찾아서〉였다.
펼쳐 보니 뉴스에서 본 그대로였다. 아빠와 내가 머리를 맞대고 책장을 넘기고 있는데 부엌에서 엄마의 목소리가 들려왔다.
"다 읽고 아까 기자처럼 너도 해 봐. 독서록에 쓰면 되겠다, 그치?"
아~ 덥다, 더워!

준이의 독서록

책제목 : 〈쪽빛을 찾아서〉
지은이 : 유애로   출판사 : 보림

제목 : 쪽빛을 찾아서   날짜 : 7월 1일

"기자는 지금 쪽빛 천이 나부끼는 한 마을에 와 있습니다.
 하늘과 하나가 된 듯이 나부끼는 이 푸른 천들은 '물장이'라는 염색장의 노력에 의한 것입니다.
 이 물장이는 푸른빛으로 옷감을 물들이기 위해 사람들에게 물어보고 책을 보며 연구했다고 합니다. 그리고 쪽풀로 푸른 물감을 만든다는 사실을 알게 되었습니다.
 하지만 쪽빛은 물에 젖으면 색깔이 빠져 버렸습니다. 그래서 또다시 연구하고 실험한 결과 거품에 비밀이 숨어 있다는 사실을 깨달았습니다.
 이렇게 쪽물을 내리려면 쪽풀과 조개 가루를 섞어야 합니다. 쪽물에 조개 가루를 섞을 때 흰 거품이 가지빛이 날 때까지 저었더니 더 이상 물이 빠지지 않는 쪽빛 옷감을 만들 수 있었습니다.
 이상, 푸른 바다와 하늘을 닮은 쪽빛 천이 펄럭이는 물장이 집 마당에서 김준 기자였습니다."

엄마가 준이에게

기사독서록이란?

기사독서록은 뉴스나 신문 기사처럼 실제로 일어난 일을 다른 사람에게 전달하는 식으로 쓰는 독서록을 말해.

기사독서록 소재 찾기

❶ 기사는 사건이나 사실을 전달하는 거야. 따라서 책을 읽을 때 사건을 잘 파악해야 해.
❷ 준이처럼 사실에 대한 책도 좋고, 사건이 있는 이야기책도 기사독서록으로 쓸 수 있어.
❸ 예를 들면 심청이가 인당수에 빠지는 현장이라든지, 〈미운 오리 새끼〉에서 오리가 백조로 변하는 장면도 기사식으로 쓰면 재미있을 거야.

기사독서록 잘 쓰는 방법

❶ 이번에는 준이가 기자가 되었구나. 마치 쪽빛 천이 눈에 아른거리듯이 생생하게 잘 표현했어.
❷ 기사는 '누가, 언제, 어디서, 무엇을, 왜, 어떻게' 이렇게 육하원칙에 따라 써야 해. 그래야 독자가 읽고 이해하기 쉽단다.
❸ 기사독서록도 마찬가지야. 육하원칙에 따라 내용을 잘 정리하면 좋은 독서록이 될 수 있단다.

12. 화가 나는 것을 어떻게 해!
－경험과 연결한 독서록

"준아, 숙제하고 게임해."

"알았어."

나는 게임기에서 눈을 떼지 않고 건성으로 대답했다.

"대답만 하지 말고! 벌써 세 번째야!"

엄마의 목소리가 점점 더 커졌다. 내 목소리도 덩달아 커졌다.

"알았다고!"

"이 녀석이 어디서 큰 소리야? 학교 갔다와서 책가방은 아무렇게나 던져놓고, 지금 한 시간째 게임만 하고 있잖아! 그렇게 게임만 하면 게임기 압수야!"

엄마의 으름장에 나도 모르게 중얼거렸다.

"치사해."

"뭐라고?"

나는 게임기를 소파에 던져놓고 쿵쿵 발을 구르며 방으로 걸어갔다. 그리고 방문을 '쾅!' 닫았다.

"김준!"

방문이 벌컥 열리고 엄마가 들어왔다.

"숙제하라며!"

나도 버럭 소리를 질렀다. 엄마는 잔뜩 화난 얼굴로 소리쳤다.

"이게 무슨 버르장머리없는 짓이야! 어디 엄마 앞에서 문을 쾅 닫고 소리를 질러!"

나도 지지 않고 소리를 버럭 질렀다.

"게임하고 숙제하려고 했단 말이야. 그런데 엄마가 자꾸만 숙제하라고 하니까 짜증이 나잖아. 그렇지 않아도 태호 때문에 화가 나서 미칠 거 같은데!"

태호 생각이 나자 나도 모르게 눈물이 주르륵 흘러내렸다. 엄마는 가만히 서서 나를 지켜보았다.

"너 왜 그렇게 화가 난 거니? 태호가 왜?"

"내가 만든 찰흙 공룡을 태호가 망가뜨렸어. 태호가 사과는 했지만 화가 안 풀린단 말이야. 실수인 건 알지만 그래도 화가 안 풀려! 엉엉!"

나는 소리내어 울고 말았다. 엄마가 다가와 가만히 내 등을 쓰다듬어 주었다.

"알았어. 때로 머리로는 이해되는데 마음이 따라가지 않을 때가 있어. 준이가 크는 과정이니까 너무 속상해하지 마."

내가 고개를 끄덕이자 엄마가 눈물을 닦아 주었다.

"그래도 엄마한테 잘못했으니 벌은 받아야지? 엄마가 책 한 권 줄 테니까 읽어 봐."

휴, 이 정도로 끝나서 다행이다. 그런데 태호한테도 괜찮다고 했는데 왜 자꾸 화가 날까? 그리고 왜 태호 때문에 엄마한테까지 화를 냈을까?

준이의 독서록

책제목: 〈화가 나는 건 당연해!〉
지은이: 미셸린느 먼디 **출판사:** 비룡소

제목: 나도 화가 나는 걸 어떻게 해   **날짜:** 7월 10일

　화는 감기 바이러스 같다. 다른 사람에게까지 옮기니까 말이다.
　그래서 화를 내는 것은 나쁜 거라고만 생각했다. 그런데 웃음이 나고 눈물이 나는 것처럼 화가 나는 것도 당연한 거라고 한다.
　화가 나쁜 이유는 화를 표현하는 방법이 나쁘기 때문이다.
　만약 내가 친구한테 화가 난 것을 제대로 표현했다면 기분이 오랫동안 나쁘지는 않았을 거다.
　만약 내가 엄마한테 '나는 지금 화가 났다'고 말하고 그 이유를 설명했다면 엄마도 내 기분을 살펴 주었을 것이다. 그러면 엄마도, 나도 더 크게 화를 내지 않았을 것이다.
　이 책은 화를 어떻게 풀어야 하는지도 설명해 주었다. 무엇보다 화가 났을 때는 바로바로 표현하는 것이 중요하다. 그렇지 않으면 화가 쌓여 폭발해 버릴 수도 있기 때문이다.

엄마가 준이에게

경험과 연결한 독서록이란?

책을 읽다보면 마치 내 이야기 같은 경우가 있어. 그러한 사실을 바탕으로 쓴 독서록을 '경험과 연결한 독서록'이라고 해.

경험과 연결한 독서록 소재 찾기

❶ 〈나쁜 어린이표〉나 〈가방 들어 주는 아이〉처럼 주로 생활동화에서 비슷한 경험을 연결해 봐. "나도 이랬는데." 하면서 주인공과 나의 닮은 모습을 이야기해 보렴.

❷ 상상 속의 이야기나 신화, 전래동화, 우화 등은 현실 세계와 동떨어진 경우가 많아. 그런 책은 이야기가 주는 교훈을 생각해 보자. 〈피노키오〉처럼 거짓말을 해서 곤란했던 때나, 이솝 우화인 〈학과 여우〉처럼 친구를 골탕 먹이려다가 똑같이 골탕먹은 경우 말이야.

경험과 연결한 독서록 잘 쓰는 방법

❶ 준이가 화가 난 경험을 떠올리고 썼구나. 이왕이면 준이의 경험과 책 내용을 잘 비교해서 썼으면 더 좋았을 거 같아.

❷ 나는 이런 일에 화가 난 적이 있는데 다른 친구들은 이런 경우에 화가 나는구나, 또는 나는 이렇게 화를 풀었는데 책을 보니 이런 내용도 있구나 식으로 말이야.

13. 1,000원도 10원부터 시작했다
- 경제독서록

"땡그랑, 또로로록~."

"앗싸! 50원 주웠다."

세탁물을 정리하던 엄마가 아빠 바지주머니에서 떨어진 동전을 주우며 말했다.

"애계계, 50원으로 뭘 해. 500원이면 몰라도."

동전 소리에 뛰어갔던 나는 50원짜리라는 말에 실망해서 말했다.

"50원 열 개 모아서 500원 만들려고 한다, 왜? 오늘 횡재했는걸!"

나는 피식 웃었다. 50원짜리 동전 하나 주운 것 가지고 저렇게 기분이 좋을까?

그 날 오후, 문화센터에서 축구 수업을 했다. 한여름

이라 실내에서 수업을 했지만, 그래도 수업을 마치자 땀이 나고 목이 탔다.

가져간 물은 미지근했다. 시원한 음료수가 마시고 싶어 자판기 앞에 섰다. 그런데 주머니를 뒤져 보니 600원밖에 없었다.

600원으로 살 수 있는 음료수는 커피뿐이었다. 내가 원하는 주스는 700원이었다.

"태호야, 혹시 동전 있어? 100원만 빌려 줘."

오렌지 주스를 잔뜩 들이킨 태호가 주머니를 뒤적였다.

"캬~ 시원하다. 50원밖에 없는데, 이거라도 줄까?"

50원을 받아들기는 했지만 여전히 50원이 부족했다. 다른 친구들은 친하지도 않아서 돈을 빌려 달라고 할 수도 없고… 아까 엄마가 주운 50원이 생각났다.

어쩔 수 없이 나는 미적지근한 물을 마시며 갈증을 달랬다. 그리고 태호에게 다시 50원을 건네 주었다. 하지만 태호는 받지 않았다.

"에이, 너 가져. 50원은 쓸 데도 없고 주머니에 동전 있으면 불편해."

"50원은 돈 아니냐? 이거 두 개면 100원이고 열 개면 500원인데!"

나도 모르게 목소리가 커졌다.

"김준, 왜 신경질이냐? 됐어, 이리 줘."

태호는 내 손에서 낚아채듯 50원을 가져갔다.

며칠 뒤였다. 땡그랑, 또로로록~.

동전 떨어지는 소리가 나자 나는 재빨리 달려갔다.

"앗싸! 20원 주웠다."

내가 동전을 들고 좋아하자 엄마가 말했다.

"겨우 10원짜리 두 개 가지고 뭐하게?"

"왜 엄마. 음료수 자판기에는 10원짜리도 들어가는데. 10원이 없으면 100원도 못 되고, 500원도 못 되고 그러는 거야."

나는 20원을 두 손에 꼭 쥐며 말했다.

준이의 독서록

책제목: 〈10원으로 배우는 경제 이야기〉
지은이: 나탈리 토르지만외   **출판사:** 영교

제목: 제대로 소비해야 높아지는 돈의 가치   **날짜:** 8월 9일

이 책은 돈에 대한 모든 것을 알려 주는 책이다.
지폐의 역사는 물론 여러 나라의 화폐, 은행의 역할 그리고 어떻게 하면 돈을 많이 벌 수 있는지에 대한 이야기도 있다.
그런데 다른 이야기책보다 더디 읽혔다.
모르는 말이 너무 많기 때문이다. 뉴스나 어른들이 하는 말에서 몇 번 듣기는 했지만 정확한 뜻을 모르는 단어들이 많았다.
최저생계비라든지 국민총생산, 금융위기 등과 같은 단어는 읽기도 힘들었다. 그래도 잘 설명되어 있어서 앞으로 기사를 읽거나 책을 읽을 때 도움이 될 것 같다.
돈은 어떻게 벌고 사용하느냐에 따라 가치가 달라진다.
돈이 많으면 무조건 좋다는 생각만 했는데, 돈의 가치나 역할이 얼마나 중요한지에 대해서 잘 알게 되었다.

엄마가 준이에게

경제독서록이란?

경제독서록은 경제와 관련된 책을 읽고 난 후 쓰는 독서록이야.

경제독서록 소재 찾기

❶ 경제에 관한 책이라고 하면 어떤 것인지 잘 모르겠지? 그럴 때는 선생님이나 부모님께 책을 추천해 달라고 하자. 종류가 아주 많기 때문에 내 수준에 맞는 책을 쉽게 고를 수 있을 거야.
❷ 아무래도 경제에 관한 책에는 익숙하지 않은 단어가 많이 나올 거야. 그 단어나 용어들을 독서록에 옮겨서 정리해 보자.

경제독서록 잘 쓰는 방법

❶ 역시 준이도 경제에 대한 책은 조금 어려웠나 보구나. 잘 모르는 단어를 정리해 두면 좋았을 거야.
❷ '최저생계비(생계 유지를 위한 최저 비용)'라든지 '국민총생산(GNP. 일정 기간 동안 한 나라에서 생산한 최종생산물의 총 시장가치의 총액)' 이런 식으로 말이야.

14. 내 양말에 웃음이 피었어요

-만화독서록

"엄마 때문에 못 살아!"

학교에서 돌아오자마자 엄마에게 짜증을 부렸다.

나는 오른쪽 발을 엄마 앞에 척하니 내보였다. 엄지발가락 부분에 구멍이 나 있었다.

"엄마가 구멍난 양말을 주는 바람에 창피당할 뻔했잖아. 하루 종일 숨기느라 얼마나 힘들었는지 알아?"

"애는… 구멍난 양말 좀 신으면 어때서 그래?"

엄마는 별것 아니라는 듯이 말했다.

며칠 뒤, 하영이네서 보드게임을 했다. 하영이네 집으로 들어가는데, 하영이가 내 발을 보고 말했다.

"어머, 김준. 너 양말이 이상해."

"어?"

하영이 눈이 향한 곳을 보니, 맙소사! 흰색 양말에 빨간색 바느질실이 보였다. 지난번에 구멍난 양말이었다. 나는 얼굴이 빨개지고 말았다.

'정말 엄마 때문에 못살아! 요즘 양말을 기워신는 사람이 어디 있어. 그리고 기우려면 양말이랑 같은 색깔로 기워야지, 이게 뭐야.'

"어디, 어디? 정말이네, 크크크."

태호가 웃었다. 하, 이건 뭐라고도 못하겠네. 나도 웃고 싶은 심정이니까. 그런데 태호와 달리 소현이와 하영이는 내 양말을 보며 빙긋 웃었다.

"어머, 바느질한 게 꼭 웃는 얼굴 같아. 일부러 이렇게 꿰매셨나 봐?"

"포인트 같아. 준이 엄마는 정말 센스있으셔."

태호까지 달려들어 내 양말을 보았다.

"그러게. 미소짓는 얼굴이군. 냄새나는 양말에 웃고 있는 얼굴이라니!"

소현이와 하영이가 너무 뚫어지게 내 양말을 쳐다보

는 바람에 나도 모르게 엄지발가락을 오므렸다.

"옛날에는 이렇게 물건들을 아꼈대. 그런데 지금은 사람들이 조금만 불편해도 모두 버리는 바람에 환경도 오염되고 자원도 없어지고 그러는 거래."

하영이가 똑부러지게 말했다.

"맞아! 앞으로 자원을 아껴야 지구도 살리고 사람도 살리는 거야."

소현이가 맞장구를 쳤다.

"어머, 소현아. 어쩜 내 생각이랑 똑같니? 역시 우리는 단짝이야."

하영이가 소현이와 마주보며 웃었다. 그리고 보니 내 양말의 바느질 자국이 빙긋 웃는 것 같다. 마치 '고마워!' 하는 것 같다.

준이의 독서록

책제목: 〈또야 너구리가 기운 바지를 입었어요〉
지은이: 권정생   **출판사**: 우리교육

제목: 또야 너구리의 엉덩이는 귀여워   **날짜**: 8월 30일

엄마 너구리가 또야에게 한 말이 처음에는 거짓말 같았다. 그런데 물건을 아껴 써야 자원도 절약되고 환경도 보호된다고 한다. 그런 것을 생각하면 또야 엄마 말이 맞다. 물건을 아끼지 않고 버리면 쓰레기가 되고, 또 새로 물건을 만들면 자원을 낭비하게 되니까 말이다.

나도 엄마에게 구멍난 양말이나 뜯어진 옷을 예쁘게 기워 달라고 해야겠다. 이왕이면 예쁘게.

엄마가 준이에게

만화독서록이란?

만화독서록은 책을 읽고 기억에 남는 장면이나 재미있었던 부분을 만화로 표현한 독서록을 말해.

만화독서록 소재 찾기

❶ 줄거리를 모두 만화로 그릴 필요는 없어. 기억에 남는 부분을 잘 생각해 보렴. 그리고 몇 칸짜리 만화로 그릴 것인지 생각해야 한단다.
❷ 〈아기돼지 삼형제〉에서 삼형제의 집을 중심으로 네 칸짜리 만화로 그린다든지, 〈여우와 신포도〉에서 여우의 마음을 만화로 표현해 보는 것도 재미있을 거야.
❸ 그리기 힘들다면 책의 삽화를 살짝 보면서 만화독서록을 완성해 보렴.

만화독서록 잘 쓰는 방법

❶ 그림독서록은 한 장면만 그리면 되지만, 만화독서록은 이야기가 이어져야 해.
❷ 만화 내용만 봐도 무슨 이야기인지 잘 정리해서 그렸구나. 또야의 모습을 책의 삽화와 다르게 그린 것도 참 재미있다.

15. 내 마음은 콩알 반쪽

－편지독서록

요즘 짝인 채은이와 신경전을 벌이고 있다.

나는 글씨 쓰는 자세가 좋지 않다. 고치려고 노력중인데도 쓰다 보면 공책이 자꾸만 옆으로 돌아가 버린다. 그러다 보니 공책이 옆자리까지 넘어가 채은이를 툭툭 치게 된다.

"김준, 공책 좀 똑바로 하라고!"

몇 번은 미안하다고 했지만 채은이는 늘 짜증 섞인 목소리로 화를 낸다. 내가 일부러 그러는 것도 아닌데 말이다.

"김준, 이 선 넘어오지 마. 넘어올 때마다 한 대씩 때릴 거야."

어느 날, 채은이가 이렇게 엄포를 놓았다. 나는 콧방

귀를 꾀었다. '쳇, 여자애가 때려 봤자 얼마나 아프겠어.' 하고 귓등으로 듣고 넘겼다. 그리고 나도 모르게 선을 넘어간 순간, 채은이가 내 등을 철썩 내리쳤다.
"악!"
우와, 여자애라고 무시할 게 아니었다. 정말 눈에서 별이 번쩍일 정도로 아팠다.
"박채은 너! 좋아, 해 보자 이거지?"
그 후 나는 복수할 날만을 기다렸다. 그러던 어느 날, 도서관에 책을 빌리러 갔다가 그 곳에서 채은이를 보았다.
'뭐야, 박채은이잖아. 집에 간 줄 알았는데 여기서 만나네, 쳇!'
나는 속으로 중얼거리며 모르는 척했다. 책을 한 권 꺼내서는 발판 위에 앉아 휙 넘겨보았다.
채은이는 책꽂이 맨 위에 있는 책을 꺼내려고 까치발을 들고 낑낑거렸다. 그리고 발판 위에 앉아 있는 나를 힐끗 보면서 들으라는 듯이 말했다.

"쓰지도 않을 거면서 왜 앉아 있는 거야?"

그 말을 듣고 나도 중얼거렸다.

"남이야. 내가 먼저 차지했으니까 내 거지. 네 거, 내 거 구분 잘하는 애가 왜 그러실까?"

채은이가 계속 까치발을 들고 손가락으로 책을 빼던 중 잘못해서 책들이 쏟아졌다. 다행히 다치지는 않았지만 큰일날 뻔했다.

나는 깜짝 놀라 자리에서 벌떡 일어났다.

결국 채은이는 버럭 소리를 질렀다.

"김준, 친구가 힘들어하면 도와 줘야 하는 거 아냐? 네 일 아니라고 이러기야? 혹시 너, 내가 책상 넘어오지 말라고 했다고 지금 이러는 거니? 너는 무슨 애 심보가 꼭 콩알 반쪽만하냐!"

울먹이는 채은이를 보니 조금 미안한 마음이 들었다. 내 마음이 정말 콩알 반쪽만한 걸까?

준이의 독서록

책제목: 〈반쪽이〉

지은이: 이미애   **출판사:** 보림

제목: 마음은 넓고 몸만 반쪽인 반쪽이에게   **날짜:** 9월 8일

안녕, 반쪽아? 나는 김준이라고 해.

반쪽아, 너는 네가 어떻게 태어났는지 아니? 엄마가 산신령님께 빌고 나서 너희 형제들을 낳았대. 만약 너희 엄마가 잉어 세 마리를 다 먹었다면 너도 형들처럼 멀쩡했을 거야. 그런데 고양이가 잉어 반쪽을 먹어 버리는 바람에 네가 반쪽이가 된 거래.

생긴 모습은 반쪽이지만 너는 마음이 참 곱더라. 그런데 착한 네 주변에는 왜 못된 사람들만 있는 걸까? 네 형들도 그렇고, 내기를 한 부잣집 영감도 그렇고 말이야. 그래도 네가 지혜롭게 헤쳐나가는 모습을 보고 나도 덩달아 신이 났어. 특히 부잣집 영감네 가서 몰래 딸을 업어 올 때는 그림을 보지 않아도 상상이 되어 나도 모르게 웃음이 나왔단다.

생긴 모습이 반쪽이라고 해서 마음까지 반쪽인 것은 아닌가 봐. 오히려 겉모습은 부족함이 없는 사람들의 마음이 더 반쪽인 것 같아.

너를 보면서 혹시 내 마음이 반쪽인 것은 아닐까 반성했어. 앞으로 너처럼 넓은 마음을 가진 사람이 되도록 노력할 거야.

엄마가 준이에게

편지독서록이란?

편지독서록이란 주인공이나 글쓴이에게 편지 형식으로 쓰는 독서록이야.

편지독서록 소재 찾기

❶ 책을 읽다 보면 주인공이나 등장인물에게 하고 싶은 말이 있을 거야. 벌거벗은 임금님한테 속지 말라고, 헨젤과 그레텔한테 나쁜 새엄마에 대해 편지를 써 보면 어떨까?

❷ 책을 쓴 글쓴이에게 편지를 쓰는 것도 좋아. 〈강아지똥〉을 쓴 권정생 선생님한테든, 동화작가인 안데르센한테든 말이야.

편지독서록 잘 쓰는 방법

❶ 편지독서록이지만 준이의 생각과 반성이 잘 드러나 있구나.

❷ 이왕이면 편지 형식을 잘 이용해서 써 보자. 편지는 받는 사람을 쓰고 인사말을 쓰는 것으로 시작해. 그리고 편지를 쓴 이유를 쓴 다음에 끝인사와 보낸 사람을 쓰는 거야.

16. 안 되는 게 아니라 안 하는 거야
-위인전 독서록

　방과 후 영어 수업에서 현우라는 친구를 사귀었다. 같은 반은 아니지만 현우는 친절하고 공부도 잘한다. 그런데 단 하나, 운동은 잘 못한다.
　"같이 축구하고 가자."
　나와 태호가 매번 말해도 현우는 웃기만 하고 그냥 집으로 간다.
　"현우야, 태호랑 나랑 이따가 운동장에서 자전거 탈 건데 너도 나올래?"
　"아니, 나는 자전거 못 타."
　"너는 운동을 별로 안 좋아하나 봐. 같이 놀면 좋을 텐데."
　내가 아쉬운 듯 말하자 현우가 미안한 표정으로 말

했다.

"생각해 줘서 고마워. 그런데 나는 평발이라 운동하는 거 별로 안 좋아해."

'평발? 그게 뭐지?'

집으로 온 나는 엄마에게 물어보았다.

"엄마, 평발이 뭐야?"

"응, 발바닥을 보면 움푹 들어간 부분이 있잖아? 그 부분이 없는 발을 평발이라고 해. 평발이면 많이 걷거나 운동하면 아파. 자주 삐기도 하고."

나는 고개를 끄덕였다.

"아, 그래서 현우가 운동을 싫어하는 거구나."

"친구 중에 평발이 있어?"

"응, 현우라고 좋은 친구인데 평발이라서 축구도 못 하고 운동도 못한대."

내가 말하자 엄마가 고개를 갸웃거렸다.

"그건 평발이라서가 아니라 원래 운동을 안 좋아하나 보네. 평발은 교정할 수도 있고, 무엇보다 박지성 선수도 평발인데 축구는 엄청 잘하잖아."

헉! 세계적인 축구 선수 박지성 형이 평발이라니! 그렇다면 평발이라고 축구를 아예 못하는 것도 아니잖아!

이튿날 나는 현우에게 엄마한테 들은 이야기를 했다. 나는 현우가 좋아할 줄 알았다. 그런데 현우는 처음으로 짜증을 냈다.

"너는 평발이 아니니까 그런 소리를 쉽게 하지. 얼마나 아프고 힘든 줄 알아?"

"아니, 나는 그냥 너랑 친하게 지내고 싶어서······."

"됐어!"

생각지도 않게 현우와 사이가 나빠지고 말았다.

그 일을 알게 된 엄마가 내게 책 한 권을 내밀었다.

"너도 꼭 읽으면 좋겠다고 생각했는데··· 다 읽고 현우한테도 빌려 주렴."

준이의 독서록

책제목 : 〈프리다〉

지은이 : 조나 윈터   출판사 : 문학동네어린이

제목 : 자신을 이긴 화가   날짜 : 9월 24일

프리다는 멕시코의 여류화가이다.

프리다는 몸이 약해서 몇 달씩 침대에 누워만 있어야 했고, 교통사고로 많이 다쳐서 거의 죽을 뻔도 했다.

제대로 걷지도 못했지만 프리다는 슬퍼하지 않았다. 대신 그런 마음을 그림으로 그렸다. 프리다의 그림은 많은 사람들에게 인정받아 전 세계 미술관에도 전시되어 있다.

프리다가 사람들에게 감동을 주는 이유는 고통을 이겨냈기 때문만이 아니다. 남자 화가 일색이었던 시절 프리다는 용기와 열정으로 여자 화가들에게 좋은 본보기를 보여 주었다. 안 될 것이라고 한 일을 해냈기 때문에 프리다를 좋아하는 사람이 많다고 한다.

화가는 자기가 가진 재주로 그림을 그리는 줄 알았다. 그런데 프리다의 이야기를 읽어 보니 역경을 이겨내는 용기와 열정을 가지고 있어야 좋은 화가가 된다는 것을 깨달았다.

나도 작은 일에 포기하지 않고 내가 좋아하는 일에 모든 열정을 쏟는 사람이 되었으면 좋겠다.

엄마가 준이에게

위인전독서록이란?

위인전은 훌륭한 위인들의 삶을 담은 글이야. 그 글을 읽고 쓰는 독서록을 위인전독서록이라고 해.

위인전독서록 소재 찾기

❶ 위인전은 인물뿐만 아니라 역사적인 배경도 함께 이해해야 한단다. 역사적인 배경 속에서 인물이 어떤 훌륭한 일을 했는지에 대해 써 보렴. 〈유관순〉은 왜 어린 나이에 대한 독립을 외치다가 감옥에서 세상을 떠났을까? 〈안네의 일기〉의 안네는 왜 다락방에서 숨어 지내야 했을까? 이렇게 주제를 가지고 독서록을 써 보렴.

❷ 대부분 위인들은 어려움을 딛고 훌륭한 일을 해낸 경우가 많단다. 그런 위인에게서 배울 점을 찾아보렴. 예를 들면 〈헬렌 켈러〉라든지 〈베토벤〉 같은 경우 말이야.

위인전독서록 잘 쓰는 방법

❶ 프리다로부터 배울 점이 무엇인지 확실하게 파악했구나.

❷ 이 시대에 활동했던 다른 미술가들도 찾아보면 더 많은 지식을 얻을 수 있을 것 같아.

17. 아빠와 아들 —인터뷰독서록

"아빠랑 다시는 축구 안 해!"
"이 녀석이 어디서 큰 소리야! 아빠가 괜히 그랬어? 너 다칠까 봐 그런 거잖아!"
일요일 아침, 축구를 하고 들어오던 나는 아빠한테 버럭 소리를 질렀다.
"왜? 무슨 일이야?"
아침을 준비하던 엄마가 깜짝 놀라 달려나왔다.
"이 녀석이 주차장에서 차가 오는데도 달려들잖아."
"나도 피하려고 했어. 오히려 아빠가 갑자기 잡아당겨서 넘어졌잖아!"
나는 피가 나는 무릎을 내밀었다.
"어머, 피가 나네. 소독해야겠다."

엄마가 약상자를 가지고 왔다. 무릎에 소독약을 바르니 너무 쓰라렸다.

"으으으……."

내가 신음소리를 내자 아빠가 버럭 소리를 질렀다.

"그러니까 조심해야지! 신나서 그냥 뛰어내리면 어떡해. 에잇!"

아빠는 그렇게 말하고 욕실로 들어갔다.

엄마가 약을 발라 주면서 물었다.

"준아, 많이 아파?"

"응. 무릎도 까지고 아빠가 잡아당겨서 팔도… 그런데 아빠는 왜 화를 내는 거야?"

나는 결국 울먹였다. 샤워를 마친 아빠가 나오고 늦은 아침 식사를 했다. 식사를 하는 동안 아빠와 나는 한 마디도 하지 않았다.

"엄마, 나 좀 누워 있을게."

나는 방으로 들어갔다. 침대에 누워 뒤척이고 있는데 엄마 아빠 목소리가 들렸다.

"내 잘못이야. 차에서 내가 내린 다음에 준이를 내리게 했어야 하는데… 축구를 정말 신나게 했거든. 차에서 내릴 때까지만 해도 좋았는데, 아까 준이 앞으로 차가 지나갈 때는 정말 깜짝 놀랐어. 나도 모르게 힘이 들어갔나 봐."

"너무 속상해하지 마세요. 준이도 놀라서 그런 거 같아."

엄마가 부드럽게 말했다.

"하, 준이를 위로해 줘야 하는데 나도 모르게 버럭 화를 내게 되네. 무릎은 괜찮아? 지금이라도 응급실에 가 볼까?"

"그냥 까진 거예요. 그리고 얘기 들어 보니 준이도 잘못했네. 너무 걱정 마요. 준이 괜찮을 거야."

누워서 아빠의 목소리를 듣고 있자니 괜히 가슴이 먹먹해졌다.

준이의 독서록

책제목: 〈펭귄 가족의 스냅사진〉

지은이: 이윤희   **출판사:** 주니어화니북스

제목: 아빠, 사랑해요   **날짜:** 10월 5일

준 : 아빠펭귄, 안녕하세요?

아빠펭귄 : 안녕하세요? 이 추운 남극까지 와 주셔서 고맙습니다.

준 : 엄마펭귄은 왜 알을 아빠펭귄에게만 맡기는 건가요?

아빠펭귄 : 엄마펭귄은 알을 낳느라고 고생했잖아요. 그러니까 쉬어야 해요.

준 : 어떻게 그런 생각을 했죠?

아빠펭귄 : 우리는 서로 사랑하고 위해 줘야 하는 한가족이니까요. 엄마펭귄이 힘들었으니 쉬는 동안 내가 알을 맡는 것이 당연해요.

준 : 지독하게 추운 날씨와 눈보라 속에서도 알을 지켜내 꼬마 황제펭귄이 태어났는데요, 두 달 동안 아무 것도 먹지 않고 알을 품기가 힘들지 않았나요?

아빠펭귄 : 아빠라면 당연한 거예요. 영하 40도의 추위 따위는 문제가 아니에요.

준 : 그렇군요. 생각해 보면 우리 엄마 아빠도 저를 위해 불편하고 힘든 것을 많이 참는 거 같아요. 오늘 인터뷰 고맙습니다.

엄마가 준이에게

인터뷰독서록이란?

인터뷰독서록은 기자가 된 것처럼 주인공과의 인터뷰 형식으로 쓰는 독서록이야.

인터뷰독서록 소재 찾기

❶ 주인공에게 궁금했던 점을 물어보렴. 답도 스스로 만들어 보고 말이야.
❷ 〈자린고비〉 영감한테 왜 그렇게 자린고비가 되었는지 물어보자. 램프의 요정 지니에게 램프 속 생활에 대해 물어보는 것도 재미있을 것 같아.

인터뷰독서록 잘 쓰는 방법

❶ 준이는 아빠펭귄을 인터뷰했구나. 인터뷰 내용이 꽤 긴 것 같아.
❷ 책의 모든 내용을 담기보다는 주제를 정하는 게 좋을 것 같다. 아빠펭귄의 가족 사랑에 대해서만 정리했으면 더 좋았을 거 같아.

18. 멋지고 분위기 좋은 한옥
-독서퀴즈독서록

엄마 아빠와 오랜만에 외식을 했다.

"거래처 사람이랑 가 봤는데 아주 좋더라. 분위기도 있고……."

"어머, 분위기? 그러면 파스타? 스테이크?"

엄마는 두 눈을 반짝이며 말했다.

"나는 돈가스!"

나도 신이 나서 소리쳤다. 그러자 엄마가 고개를 저으며 말했다.

"돈가스는 일본식 말이야. 포크커틀릿이라고 해야지."

흠, 엄마의 저 어쩔 수 없는 직업병. 말을 조금만 잘못하거나 틀린 말을 사용하면 반드시 지적을 한다.

어쨌든 차를 타고 가는 내내 엄마와 나는 잔뜩 들떴다. 얼마나 분위기 있는 곳일까? 혹시 어린이놀이터가 있는 곳은 아닐까? 그런데 잔뜩 기대에 부풀어 도착한 곳은 엉뚱하게도 한옥집이었다.

"어? 옛날집이잖아. 여기가 뭐가 분위기 있어. 그리고 여기는 돈가, 아니 포크커틀릿도 안 팔겠다."

내가 투덜대자 아빠가 내 손을 잡고 안내했다.

"안으로 들어가 봐. 얼마나 멋있는데."

안내를 받아 들어간 곳은 생각보다 넓었다. 그리고 정원도 잘 가꾸어져 있었다.

자리에 앉자 아빠가 주문을 했다. 심통난 나와는 달리 엄마는 여전히 기분이 좋았다.

"준이 아빠, 여기 진짜 분위기 좋다. 마님이 된 것 같은데? 호호호."

하지만 나는 싫다. 이런 집에서 나오는 음식은 뻔하다.

잠시 후, 음식이 나오자 나도 모르게 한숨이 나왔다.

나물에 장아찌, 들깨탕 등 내가 싫어하는 것들뿐이다.

　다른 테이블도 그런가 싶어 두리번거리던 중, 천장을 가로지르는 아주 커다란 나무를 보았다.

　"우와! 아빠, 저 나무는 뭐야? 백 년도 더 된 나무를 자른 거 같아. 그리고 저기에 뭐라고 쓰여 있어!"

　"응, 상량이라고 해. 지붕 맨 꼭대기 가운데에 서까래를 걸기 위한 나무란다. 상량에는 집을 지은 날짜를 적어 둔단다. 그리고 상량을 올릴 때는 고사도 지내."

　"서까래는 또 뭐야?"

　"응, 그건 말이지……."

　그 때 엄마가 낮은 목소리로 말했다.

　"준아, 질문은 나중에! 어서 먹어. 너, 혹시라도 나물 안 먹으려고 질문을 쏟아내는 거라면 혼나. 나머지는 집에 가서 아빠랑 책 보면서 물어봐."

　헉! 어떻게 알았지?

준이의 독서록

책제목: 〈모두 함께 지은 우리집〉
지은이: 김진수   **출판사**: 문학동네어린이

제목: 집 지을 때 알아야 할 것들   **날짜**: 10월 16일

Q. 시골로 이사 간 우리 가족은 집을 짓기로 했어요. 어떤 집일까요?
A. 흙벽돌집

Q. 집 지을 때 맨 위 꼭대기에 마룻대를 놓아 집 뼈대를 갖추는 것을 무엇이라고 할까요?
A. 상량

Q. 지붕을 만들 때 거는 모양에 따라 지붕 모양이 달라지는 이것은 무엇일까요?
A. 서까래

Q. 벽에 흙반죽을 고루 펴 바르는 것을 무엇이라고 할까요?
A. 미장

Q. 콩댐은 무엇일까요?
A. 콩을 갈아 들기름 등에 섞어 장판에 바르는 일

엄마가 준이에게

독서퀴즈독서록이란?

책을 읽고 나서 내용을 퀴즈로 만들어 보는 독서록이야.

독서퀴즈독서록 소재 찾기

❶ 독서퀴즈를 내려면 책을 꼼꼼하게 읽어야 할 거야. 그래야 문제도 내고 답도 구할 수 있겠지.
❷ 독서퀴즈를 내기 좋은 책은 과학책이나 역사책이야. 〈모두 함께 지은 우리집〉처럼 말이야. 답이 길지 않고, 맞고 틀림이 명확해야 한단다.
❸ 줄거리에 대한 퀴즈도 좋아. '〈흥부전〉에서 박씨를 물어다 준 새는?' 식으로 말이야.

독서퀴즈독서록 잘 쓰는 방법

❶ 독서퀴즈독서록 형식에 맞춰 잘 썼어. 상량이라든지 서까래, 콩댐 같은 새로운 단어도 배웠구나.
❷ '백설공주를 도와 준 난쟁이는 모두 몇 명일까?'처럼 쉬운 문제라면 모를까, 위와 같은 문제는 답 이외에 설명도 써 주는 것이 좋을 것 같아. 그러면 재미와 지식을 모두 얻을 수 있겠지?

19. 멋진 가게를 소개합니다
−광고독서록

"우와, 정말 멋지다!"

엄마 친구분이 그릇가게를 시작했다. 직접 흙을 빚어서 만든 그릇들을 파는 곳이다.

'쩝, 좋은 구경 시켜 준대서 따라왔더니…….'

나는 심드렁하게 가게 안을 휘이 둘러보았다. 아빠도 가게 한켠에서 나와 함께 뻘쭘하게 서 있었다.

"어머, 여기에 찌개 끓이면 기가 막히겠다. 우와, 이 접시에는 샐러드 담으면 정말 좋겠어!"

우리 둘과는 달리 엄마는 혼자 신났다.

"예쁜 그릇에 담는다고 음식 맛이 좋아지는 것도 아닌데, 엄마는 왜 저렇게 좋아하냐?"

"그러게 말이에요. 엄마는 그릇보다는 요리학원에 더 관심을 가져야 하는데."

충격!!!

왕자에게도 남모를
슬픔이 있었다.

금과 보석으로 장식된
행복한 왕자에게도
슬픔이 ...

오스카 와일드

행복한 왕자

절찬 판매중

아빠랑 나는 그렇게 속삭이면서 킥킥거렸다.
"뭐, 솔직히 그릇들이 괜찮기는 하네. 저건 마치 예술 작품 같은데? 그나저나 손님이 없어서……."
그러고 보니 한 시간 정도 가게에 있었는데 손님이라고는 우리 가족밖에 없었다.
"아직 문 연 지도 얼마 안 됐고, 광고도 안 해서……."
엄마 친구분이 말했다.
"어머, 얘는. 이렇게 예쁜 가게를 왜 광고를 안 해? 아무리 멋진 보석을 가지고 있어도 다른 사람한테 자랑하지 않으면 소용없어."
엄마는 답답하다는 듯이 말했다.
"그러면 네가 광고 문구 좀 써 봐. 아무렴 나보다는 작가 선생님이 낫겠지?"
엄마 친구분이 웃으며 말했다.
돌아오는 길에 엄마는 계속 입으로 중얼거렸다.
"뭐라고 해야 좋을까? 뭐라고 해야 사람들의 시선을

확 끌어당겨 가게에 오게 만들까?"

"엄마, 정말 광고 문구 짜 줄 거야?"

내가 묻자 엄마가 기분나쁘다는 듯이 말했다.

"왜? 엄마가 못할까 봐? 두고 봐, 멋진 문구 하나 만들 테니까."

그러더니 엄마는 좋은 생각이 난 듯 무릎을 탁 치며 말했다.

"아! 엄마는 광고 문구를 짤 테니까, 너는 책 광고 문구 하나 짜 봐. 누가 더 멋진지 아빠한테 물어보자."

"아니, 가만히 있는 나는 왜 들먹여?"

아빠가 깜짝 놀라며 말했다. 그러게 말이에요. 왜 가만 있는 우리를 들먹이냐구요!

준이의 독서록

책제목 : 〈행복한 왕자〉
지은이 : 오스카 와일드   출판사 : 지경사

제목 : 화려한 왕자와 작은 제비의 감동적인 이야기   날짜 : 11월 23일

"마을 한가운데 서 있는 아름다운 왕자.
금과 보석으로 장식된 행복한 왕자에게도 슬픔이.
그리고 그 슬픔을 함께 나누고 세상을 떠난 제비.
어려운 이들에게 사랑을 나누어 준 왕자와 제비의
감동적인 이야기!"

엄마가 준이에게

광고독서록이란?

광고독서록은 책을 신문이나 잡지에 광고하는 형식으로 쓴 독서록을 말해. 광고 문구 쓰는 연습을 하면 핵심 내용을 정확히 전달할 수 있는 능력도 길러진단다.

광고독서록 소재 찾기

❶ 광고독서록은 다른 사람들이 관심을 가지고 읽어보고 싶게 쓰는 것이 중요해. 그렇기 때문에 책의 내용을 너무 많이 쓰거나 '무조건 재미있다'고만 하면 관심을 끌 수 없어.
❷ 광고 문구만큼 그림도 관심을 끄는 데 좋은 역할을 할 거야. 책의 특징을 잘 표현한 문구를 정해 가운데에 쓰고 그림도 같이 그려 보렴. 포스터처럼 말이야.
❸ 신문이나 잡지에 실린 광고를 참고하면 좋을 거야.

광고독서록 잘 쓰는 방법

❶ 준이는 책의 내용을 짧은 문장으로 정리해서 광고 문구를 만들었구나.
❷ 준이가 쓴 문구 가운데 하나를 선택해서 그림과 함께 그려 보면 어떨까? 엄마 생각에는 〈금과 보석으로 장식된 행복한 왕자에게도 슬픔이〉라는 문구와 눈물을 흘리고 있는 멋진 왕자 동상을 그리면 좋은 광고독서록이 될 것 같아.

20. 슬픈 이야기는 이제 그만
－이야기를 바꿔 쓰는 독서록

"이건 완전히 아동학대야!"

엄마와 함께 도서관에 가는 길에 나는 툴툴거리며 말했다.

"도서관에 가는 게 왜 아동학대야?"

"혼자 책 들고 오기 힘드니까 나랑 같이 가자는 거잖아."

"수요일은 엄마랑 도서관에 가는 날로 정했잖아. 2주일에 한 번인데 그걸 못해 주냐? 그리고 오늘 책 읽어 주는 교실 있다니까 엄마가 책 빌리는 동안 선생님이랑 있어. 오늘 읽어 주실 책 재미있겠더라."

그래, 내 의견 따위는 하나도 필요없다 이거지.

"딴짓하지 말고. 엄마가 나중에 물어볼 거야?"

그렇게 말하고 엄마는 종합자료실로, 나는 어린이자료실로 갔다. 어린이자료실 한켠에 이야기방이 있다. 그 곳에서 수요일마다 동화 읽어 주는 행사를 한다.

"쳇, 내가 글씨를 모르는 어린애도 아니고……."

이야기방은 제대로 걷지도 못하는 아기들이나 글씨를 모르는 유치원생들이 주로 이용하는 곳이다. 그런 곳에 혼자 뻘쭘하니 있자니 쑥스러웠다.

곧 선생님이 책 한 권을 들고 들어왔다.

"오늘 읽을 책은 〈새털 할머니〉예요."

별 생각 없이 앉아 있다가 선생님이 책을 읽는 동안 가슴이 먹먹해졌다. 이야기 속의 인물들이 모두 슬픈 사람들이다.

'왜 다들 슬픈 이야기만 쓰는 거야.'

나는 잔뜩 우울해져서 이야기방에서 나왔다. 마침 엄마도 책을 다 빌리고 자료실에서 나오던 참이었다. 나는 엄마가 건네 주는 도서관 가방을 말없이 받아들었다. 집으로 오는 길에 자꾸만 책 속의 '회전목마'와

'새털 할머니'가 생각났다.
"엄마는 재미있는 이야기만 써. 슬픈 거 말고."
"무슨 소리야? 왜?"
엄마가 조금 놀란 듯이 물었다.
"착한 사람들은 다 행복해지는 거라며. 그런데 오늘 선생님이 읽어 준 책은 정말… 너무 슬펐어. 다들 가족과 헤어지는 이야기였어."
내 목소리에는 어느새 울음이 섞여 있었다.
"그러면 준아, 오늘 슬픈 이야기를 바꿔 봐. 행복한 이야기로."
"내가?"
"그래. 네 마음대로 '그래서 가족 모두 모여 행복하게 살았습니다.' 하면 되잖아."
그래! 오늘 들은 이야기 속의 주인공들을 모두 행복하게 만들어 주겠어!

준이의 독서록

책제목: 〈새털 할머니〉
지은이: 원유순   출판사: 문원

제목: 은혜 갚은 기러기   날짜: 12월 29일

　새털 할머니는 오딴집에 혼자 산다. 아들과 딸이 있지만 모두 결혼해서 할머니 곁을 떠났다. 더군다나 아들은 미국으로 이민을 갔다.
　그러던 어느 날, 할머니는 날개가 부러진 기러기를 돌봐 주었다. 기러기는 그 대가로 할머니를 미국 아들 집에 모셔다 드리겠다고 했다.
　하지만 기러기가 할머니를 태우고 바다 위를 날아갈 수는 없었다. 결국 할머니는 새털이 되어 바람을 타고 하늘로 훨훨 날아갔다.
　새털 할머니는 얼마나 아들 가족이 보고 싶었을까? 만약 새털 할머니가 우리 할머니였다면 정말 슬플 것 같다. 그래서 내가 지은이라면 이야기를 이렇게 썼을 것이다.
　'기러기는 점점 건강해졌다. 할머니를 태우고 미국까지 거뜬히 날아갈 정도였다. 미국에 사는 아들도 할머니를 그리워하고 있었다. 그래서 매일 바닷가로 나가 할머니가 계신 한국 땅을 바라보았다. 그래서 기러기와 할머니가 도착한 것을 금세 알 수 있었다. 할머니는 아들 가족을 만나 행복하게 살았다.'

엄마가 준이에게

이야기를 바꿔 써 보는 독서록이란?

내가 지은이가 되어 책의 원래 내용을 다르게 써 보는 독서록을 말해.

이야기를 바꿔 써 보는 독서록 소재 찾기

❶ 주인공의 성격을 바꿔 보자. 신데렐라와 새엄마의 성격을 바꿔 보면 어떨까?
❷ 사건을 바꿔 보는 것도 좋아. 인어공주가 목소리를 잃지 않았다면, 또는 왕자에게 마음을 고백했다면 어땠을지 상상해 보는 것도 재미있을 거야.

이야기를 바꿔 써 보는 독서록 잘 쓰는 방법

❶ 이야기를 바꿔 쓰려면 원래 이야기를 잘 이해하고 있어야 해.
❷ 원래 작가가 생각하고 있던 감정이나 교훈은 바뀔 수 있지만, 새로운 이야기를 상상한다는 것만으로도 재미있는 독서록이 될 거야.
❸ 준이는 슬픈 이야기를 기쁜 이야기로 만들고 싶다고 했지? 정말 준이의 새로운 이야기 속에서는 할머니도, 가족도, 기러기도 모두 행복하구나.